老玩童

遊義大利三部曲 I

香港亨達集團創辦人及名譽主席

鄧予立——著

推薦序 一

認識鄧予立先生的朋友們都知道他是成功的金融家，也是知名的旅行家，熱愛攝影並勤於書寫記錄他旅遊各地的種種驚嘆與感受，鄧先生非常樂於與讀者分享他的旅行經驗與觀點。

從鄧先生已經出版的十六本博文遊記中，可以讀到他深厚的人文、歷史、和美學藝術的素養，字裡行間總是表達出他對每個參訪地方的細微觀察、對每個自然景觀的眞情抒發、以及對歷史文物藝術的鑑賞、對各地美食美酒的品評，而從他書中的描述，也常能讀出他對人的一種眞誠寬容與關懷之心。文如其人，鄧先生豐富的文化底蘊常常精彩地匯聚在他的行腳和諸多作品中。

鄧先生的目標是在七十歲前踏訪一百五十個國家，他的足跡跨越五大洲，遍及許多國家與城市、高山與湖泊、非洲草原與西藏高原、連地球遠端的南極都有他快樂的蹤影。如果不是因爲過去三年多的新冠疫情擱延了一些行程，鄧先生應該已經達成他個人許下要踏訪一百五十個國家的目標了！雖未盡，但也已接近了！眞不知道地球已經被他繞了多少圈圈了？個人猜想鄧先生恐怕是世界上除了資深飛行員外，繞行地球累計最長距離的旅人觀察家吧！若是沒有強烈探索的熱情、超人的毅力、以及爲達成目標鍥而不捨的精神，是不可能成就這麼一位出色的旅行家的！

三年多前新冠疫情無情肆虐，各國各地紛紛祭出封城與隔離政策，很長一段時間世人幾乎停止了旅行，鄧先生在書中也提到約有三百多天的時日他滯留外地，無法返回香港。當歐洲一些國家或地區的封城或隔離政策因應不同狀況的發展而開始有些不定期的鬆綁，這時大家仍舊不敢出門旅行，但是鄧先生已經馬不停蹄地數度踏訪歐洲幾個國家做深度的訪遊了，也因此記錄下這段期間他在幾個歐洲國家很特殊的「疫行」，「疫行」讓鄧先生有機會更深入的觀察！他竟然又已出版了好幾本這段期間的深度遊記了！如此旺盛的生命力著實令人佩服啊！

鄧先生邀我爲他將要出版的《老玩童遊義大利三部曲》寫推薦序，我感到很榮幸，但也很意外。或許是因爲他記得我曾不經意提過，義大利是讓我著迷的歐洲國家，他若書寫疫情期間在義大利的深度旅行見聞，一定會很特殊，相信這本書會成爲我未來再度遊訪義大利時的重要地圖與指引吧！我欣然接受了鄧先生的邀約寫序，因爲我可以先睹爲快啊！

其實，大多數人都不會有機會以及相關的資源與條件踏訪鄧先生所行走過的每一個旅程，也因此，每次閱讀鄧先生的遊記見聞就會有一種似乎自己也參訪其中的感覺。感謝鄧先生旅行中仍然勤奮的筆耕，這種毅力非常的驚人！也因爲他熱情快樂的分享，讓讀者即使沒有去過那些他筆下魅力無窮精彩萬分的地方，也能夠感受到那些旅程中的特殊景致或深刻見聞，或許這也是一種「神遊」吧！

對許多人而言，義大利令人著迷與陶醉，因爲這個國家擁有極豐富與卓越的歷史、文化、藝術、宗教遺產，處處可見，每一個城鎮都有各種偉大和美麗的歷史建築物，例如：教堂、修道院、古代競技場、歌劇院、博物館、城鎮廣場、古老的大學建築……，各種歷史遺蹟俯拾皆是，每個城鎮中心會因其歷史之演變以及相關之規劃而顯露其特殊與迷人之處！

義大利的文學、歌劇、電影常被世人讚嘆與欣賞！數十年來，當代義大利的設計風格與能耐名聞全球，左右或啟發了世界時尚！從服裝品牌到各種器物，「義大利」代表著時尚！

義大利到處有秀麗動人的自然景觀與農村景觀，令人興嘆！也有舉世聞名令人垂涎的美食與美酒、松露與乳酪、火腿與巧克力、咖啡與冰淇淋、香料與橄欖油，麵食與披薩，所謂「義大利鄉土料理」、「義大利菜」不知征服了多少人的味蕾。美好食物是義大利常民生活的一部分，直接美味簡單不做作，非常「義大利」！

可以說，現代義大利是活在歷史義大利當中，因爲其人文藝術歷史底蘊深厚，才能創造出當代如此特殊眩迷的風采。義大利是歷史與現代的美麗結合！這些特質在鄧先生的書中都有鮮活的描寫。

疫情期間，鄧先生花了一百多天數度造訪深入義大利，可見義大利對他的吸引力有多大。書中生動詳細地呈現了義大利幾個大區，例如倫巴第

（Lombardia）、威尼托（Veneto）、皮埃蒙特（Piemonte）等的重要特色。他以倫巴第大區之時尚米蘭爲中心，訪視了附近著名的城鎭。書中介紹米蘭大教堂的歷史，讚嘆其建築魅力充滿藝術及震懾人心的完美，時尚米蘭在他的筆下，歷史文化與現代動感栩栩如生，躍然於紙上。

他遊覽倫巴第大區非常著名的科莫湖、加爾達湖、馬焦雷湖，風景如畫，宛如人間仙境，湖光水色媚力無窮，在導遊的推薦下也特別到訪湖邊附近的幾個著名小城鎭，描述城鎭的歷史古蹟，與讓人沉醉無比的美景。遊記寫的很細膩，仔細介紹每個城鎭，讀者只要細讀就會很自然的跟隨著鄧先生的行腳，知道自己未來若有機會造訪時的選擇。

威尼托大區的「水都」威尼斯讓鄧先生再三的流連忘返！誰不會呢？這是被許多人公認世界最美麗與浪漫的城市啊！威尼斯水都有一百多個潟湖島嶼，大小運河、水道穿梭其間，四百多座橋將威尼斯城夢幻式的串連起來！大概只有歷史上的威尼斯人才能夠打造出這樣的城市！已經有一千年的歷史。

書中對這個大區的帕多瓦（Padova）古城評價很高，認爲這個古城是藝術的搖籃，詳細介紹其重要的學術殿堂帕多瓦大學以及全義大利最大的河谷草地廣場和聖安東尼大教堂的建築風貌、斯克羅威尼禮拜堂的著名壁畫：最後的審判，和這個城鎮衆多的的博物館與市容，讓人覺得應該到此一遊。

鄧先生情有獨鍾愛上維羅納（Verona）城，四度訪遊，這是莎翁名劇《羅密歐與茱麗葉》的故鄉，是愛之城，這個城被聯合國教科文組織列爲世界遺產，有二千年的歷史，現在仍存有許多古羅馬的遺蹟，維羅納圓形競技場已成爲大型戶外歌劇的場地，一票難求！

鄧先生踏訪東北部的多洛米蒂山脈（Dolomiti），這是上帝遺留在阿爾卑斯山的後花園，多洛米蒂山時時以其變幻無窮的色彩迎人，展現秀麗、寧靜和神奇的美姿，令人不敢逼視。

遊訪北義西邊的皮埃蒙特大區，書中盡興的描寫了他的舌尖旅行，介紹了阿爾巴鎮叫人蕩氣迴腸的白松露，巴羅洛（Barolo）鎮令人飄飄欲仙的義大利最高等級紅酒，相信讀者看了也會垂涎欲滴！書中對這個大區的首府都靈（Turin）的歷史、建築、教堂、修道院、城市廣場、博物館、皇宮、文化宗教背景等有詳細的引介。

鄧先生在書中記錄了他在義大利的攀山涉水、名勝古蹟的探索、歷史文化藝術的尋訪、心靈的反思，可以看出他每次訪遊義大利各地都做足了功課，讓「義大利深度遊」相當充實，一定會開闊讀者們的眼界。

最後，值得一提與注意的是，因爲極端氣候，造成全球旱象肆虐，歐洲許多地方目前正在經歷五百年來最嚴重的大旱，連水鄉澤國的威尼斯，目前因爲運河水位過低，導致貢朵拉和其他船隻無法通行，部分區域乾涸見底，「水」都變成「旱」都。鄧先生書中的「貢朵拉」浪漫行，在乾旱期行不通！

義大利最長的河流——六百五十公里的波河（Po River）發源自阿爾卑斯山脈，從西向東，橫貫了北義的皮埃蒙特區、倫巴第區、到東邊的威尼托區，並從威尼斯出海。鄧先生書中提到在波河河畔看美麗的日出日落。波河在北義的皮埃蒙特區灌溉了歐洲稻米最大的產區。但由於極端熱浪、久旱不雨，水量比去年減少 61%，最長的波河在許多地方竟變爲沙地，波河河谷的稻田因無水灌溉而乾涸，因而嚴重衝擊到稻米等農作物的收成，而皮埃蒙特區是義大利的穀倉，三分之一食物來自此區，可見其嚴重性！

鄧先生書中提到他遊覽了座落在北義的的加爾達湖（Lake Garda），是義大利最大湖，美麗動人。根據義大利環保組織聯盟，近來其水位已降至歷史最低點，人們可以通過湖水乾涸裸露出來的小路，走到湖上的小島聖比亞焦，難以想像。

鄧先生書中筆下的義大利如夢似幻，然而全球愈來愈嚴重的氣候變遷和氣候災難，卻已造成人類世界永續發展的最大問題和挑戰了，揮之不去，必須嚴肅面對和解決，人人有責。深盼本書中美麗的義大利能永續存在。

賴幸媛

前中華民國駐 WTO 常任代表團大使

推薦序二

二〇二〇年初，突如其來的一場「新冠」疫情讓人們的生活驟然變得陌生，我們的身體徘徊於已經熟知的生活環境以及危機四伏的未知之中。在這場大瘟疫的肆虐中，許多國家的封鎖措施讓人們孤立於自己的城市和鄉鎮，和地球上的其他城市、鄉鎮和居民隔絕。

除了一間間被封鎖的房間，還有什麼能將人的心靈和其他處於世界不同角落的文化相連呢？品嘗各種美食、細品優美的風景，融入當地居民的生活中，走遍各處的山山水水，感受風吹草動，一切這些事物才是將人們的心靈和其他城市的文化之間建立聯繫的橋梁，這是一段有如夢境般浪漫的體驗。

「得疫」於這場疫情，鄧予立先生滯留在歐洲三百多天，他沒有慨嘆自己的計畫被打亂，也沒有失意於無法回到溫暖的家中，生性樂觀豁達的「老玩童」鄧先生利用這個難得的機會深入探索了歐洲的文化、歷史和美食，成爲了一個特殊時期的「逆行者」。他用鏡頭和文字，展現了義大利深厚的文化底蘊和深刻的人文精神。讓讀者跟隨他的足跡，深入了解這個歷史悠久、文化豐富的國度。

鄧予立先生還用心記錄了當地人的生活和文化，展現了義大利人民的熱情、開放和自信。他與當地人交流，了解了他們的價值觀和生活方式，感受到了他們的生命力和創造力。

因此，《老玩童遊義大利三部曲》是圖文並茂的遊記，更是感性的文化研究和人文探索。他的文字深入淺出，他的圖片視角獨特，無論是文化、藝術、歷史還是人文，他都有著深刻的見解和獨到的思考，讓人忍不住為之傾倒。

然而，《老玩童遊義大利三部曲》又不僅僅是令人陶醉的遊記，還有更深刻的意義。疫情期間獨自旅行，作者經歷了孤獨的時刻，經常需要去和自己的心靈和諧相處，去思考自我，慢慢地接納生活中的每一個細節。在表面看上去，這本書是關於旅行的，但它同樣是關於搜尋生命眞諦的深沉的思索。

這本書是疫情時期的見證，但也同樣是人生旅程的記錄。每個人都可以在書中找到自己的影子，感受到心靈的共鳴。它不僅會輔助說明我們生命中的點滴，也會讓我們對這個世界的多元和美好產生更多的嚮往和探索。

疫情雖然已經過去，但肆虐三年的疫情卻給無數人的心靈留下了難以說明的「後遺症」。後疫情時代，我們更加需要這樣的充滿文化力量和人性溫暖的書籍，感受那一份寧靜和溫暖，重新審視生活的價值和意義。

最後，我要向鄧予立先生致以崇高的敬意和感激之情，他帶給了我們無限的文化和人文之美，讓我們感受到了人性的溫暖和文化的力量。請大家把這本書當做我們的朋友，讓它陪伴我們度過疲倦工作之後的漫長夜晚，輔助說明我們找到更多美妙的景色和生命之道的真諦。

周小燕

米蘭華夏集團董事長

推薦序 三

Over the years, I have had the pleasure of meeting Mr. Tang in many countries, but the first time our path crossed was in Taiwan around 20 years ago. Since then, I have had the privilege of getting to know him as a friend. I have also had the pleasure of reading many of Mr. Tang's traveling books and following his pictures thru his social accounts, and I truly appreciated watching them during the lockdowns as they allowed me to dream about traveling during these difficult times.

I also have to admit that I am secretly jealous about Mr. Tang as in the last 20 years, he still looks the same and hasn't aged at all. I guess traveling and learning something new everyday are his fountain of youth.

It is my honor to write a preface for Mr. Tang's new book, "Traveling in

Italy." He is a very nice person, always smiling, full of energy, and always curious about what is happening in the world. What I admire most about Mr. Tang is his generous and kind nature. He enjoys his life to the fullest, and he shares his joy with everyone around him. Mr. Tang is always eager to make new friends, and his vast network of colleagues and friends from different fields is a testament to his warm and friendly nature.

One of Mr. Tang's passions is the craftmanship of high-end jewelry and watches. It is this love for the intricacies of design and beauty that led him to become interested with the legendary jeweler Buccellati.

Mr. Tang also collects stones, Chinese pictures, calligraphy, and limited edition pens. He is a lover of travel and has a passion for photographing magnificent landscapes but also has an amazing capacity to capture faces of people in a very genuine way. I believe it comes from the fact that they can see that he is a genuine person with a big heart and always a big smile on his face whatever happens. His kindness is contagious !

I had the pleasure of introducing Mr. Buccellati to Mr. Tang last time he visited Milan, and he can attest to Mr. Tang's passion and excitement when he visited the Buccellati Atelier in Milano. Mr. Tang's passion for beauty and design is evident in every aspect of his life, and he is always eager to share his thoughts, opinions, and professional insights with others.

In conclusion, I hope readers will be inspired by Mr. Tang's love for travel, his passion for craftmanship and design, and his generous spirit. Mr. Tang's book is a testament to his zest for life and his unwavering commitment to sharing his experiences with others. The poet Gabriele d'Annunzio, a great patron of Buccellati always used to say while giving gifts to his friends that " you have what you have given" , well, in this case one could say that Mr. Tang has a lot for all the sharing he has done about his amazing travels and the experiences he has accumulated.

I can't wait for the next book!!

and design

Dimitri Gouten

CEO Asia Pacific at Buccellati

【中文翻譯】

這些年來，我有幸在許多國家與鄧先生見面，然而我們第一次的相遇，卻是在大約二十年前的臺灣。此後，很榮幸與鄧先生成爲了朋友。我也有幸閱讀許多鄧先生所著作的旅遊書籍，並時常透過社群媒體帳號關注他的攝影作品，封城期間能看到這些照片，我心存感激，這使我在如此艱困的時期暢想自己也在遨遊世界各國。

我也必須承認，其實我暗自羨慕鄧先生，因爲在過去的二十年裡，他容貌依舊，仍然無時無刻洋溢著青春活力的氣息。我猜想每天旅行和學習新事物正是他青春的泉源。

非常榮幸能爲鄧先生的新書《老玩童遊義大利三部曲》撰寫序言。我非常欣賞他這個人，總是面帶微笑、充滿旺盛的生命力，每每對世界上發生的事情充滿好奇。我最佩服鄧先生的地方是他的慷慨和善良。他盡情享受生活，並與周圍的每個人分享他的喜悅與快樂。鄧先生總是熱衷於結交新朋友，他來自於不同領域的同事與朋友所形成的廣大人脈，在在證明了他熱情友好的個性。

鄧先生的愛好之一是欣賞高級珠寶和腕錶的工藝。正因對精細複雜設計和藝術美感的熱愛，使他關注了創世逾一世紀以上的傳奇珠寶品牌 Buccellati。

鄧先生亦收藏各種礦石、國畫、書法和全球限量版鋼筆。他熱愛旅行，熱衷於拍攝壯麗的風景，令人驚訝的是他也能捕捉到人物眞實而細膩的面孔。因爲這些拍攝的對象看見他的眞誠待人和開闊無比的心胸，且無論發生什麼事，臉上總是掛著燦爛的笑容。他的善良極度富有感染力！

鄧先生前次拜訪米蘭時，我有幸介紹他認識 Buccellati 先生，他可以證明鄧先生參觀米蘭 Buccellati 工坊時表現的熱情和興奮。鄧先生對藝術的美感和設計的熱切體現於生活的各個方面，並且總是滿腔熱忱地與所有周遭的人分享想法、觀點和專業見解。

最後，希望讀者能從鄧先生對旅行的熱愛、對工藝與設計的熱情，及其豪爽的精神獲得啟發。鄧先生的作品證明他對生命的熱愛和與他人分享經驗的堅定承諾。義大利著名詩人加布里埃爾·鄧南遮（Gabriele d'Annunzio）是Buccellati 的主要收藏家之一，過去送禮給朋友時常說：「有捨卽有得」。那麼，既然這樣，我們也可以說鄧先生爲精彩旅程和累積的經驗所給予的一切分享，代表他非常地富裕。

非常期待《老玩童遊義大利三部曲》的出版！

Dimitri Gouten

Buccellati 亞太區總裁

自序

卽便我已走過大半個地球，依然經常有人問我爲什麼還要繼續旅行，我也無數次的回答過這個問題，每次都是同一個答案：人總要走出去，看不同的風景，見識與瞭解不一樣的人類歷史文明，見證世界多彩多姿，才能認識到自己的渺小，才會抱持更加謙虛、更加開放的態度對待世界的異見。

二〇二〇年七月開始，至二〇二三年二月，在疫情陰霾不時籠罩的三年間，我放開心情，盡情暢遊古國義大利，累計起來，總行程超過了一百多天，全國二十個大區裡的重要代表城市都曾遊歷過，更包括許多鮮爲遊客熟知的城鎭，到目前爲止是我歐洲各國遊歷中時間最長的國家。爲什麼我對她情有獨鍾，百遊不厭呢？

幾年前我看過一個電視節目，嘉賓說不管世界怎麼發展，一定要去歐洲旅行。作家阿城則說過這樣一段話：「不要先去義大利，要先去德國之類的國家，看工業文明和現代發展，然後再去法國、英國，看兩百年前的建築，最後再去義大利。如果把這個遊覽順序倒過來的話，就沒意思了。」言下之意，一旦遊過義大利後，再遊歐洲，又有什麼能入眼呢？他又說：「義大利是物質和精神都『任你求』的一個地方。」他所言極是！義大利作爲「歐洲的文明之光」、「歐洲文化的搖籃」以及「文藝復興發源地」，她保留無數的文化遺產，到處都是延續兩千餘年的古老文明，她的地位不只在歐洲，幾乎在世界範圍內都沒有對手。朋友們可以通過我的義大利深度遊記明白我並非盲目誇讚，這並不是對我們的東方文明有絲毫的妄自菲薄之意，期待透過我的字裡行間，與讀者們分享這個人文歷史豐富的義大利。

目錄

米蘭及周邊地區

威尼斯及周邊地區

前言：疫行義大利

義大利全名是義大利共和國（The Republic of Italy），一個讓中外旅客都趨之若鶩的國家。

猶記得我在一九八〇年結婚蜜月旅行時，首次旅遊義大利幾個較有名氣的城市，包括羅馬、威尼斯、米蘭、佛羅倫斯等，留下了深刻難忘的美好印象。其後四十年間，我數次重返義大利，有些景點是重複遊歷過的，當然也有首訪的景點。而最爲深度遊的一次要算是二〇二〇年以來的這三年了。由於世界猝不及防地遭到新冠肺炎的衝擊，人們的生活秩序被全盤打亂，突如其來的疫情也使我一度滯留在外地無法返回香港，長達三百多天之久。但也「因禍得福」，讓我乘機深度旅遊歐洲幾個國家，特別是瑞士、義大利和英國。最大的感受，莫過於景色依舊，環境卻截然不同。在疫情的無情肆虐下，各國、各城市採取不同的封城封區等防疫措施，一時間，平日熱鬧的大街小巷、擠滿旅客的熱門景點，變成了寂靜無聲、旅客寥寥可數的淒涼景況。然而，在這特殊時刻遊走其中的我，卻無意中享受到「疫行」之樂趣。

《老玩童遊義大利三部曲》是我繼「瑞士深度遊」的延續，要說瑞士的特色是看不盡的湖光山色，義大利則以絢麗的歷史人文風情著稱，在遊歷該國之餘，同時也是對歐洲文明的一次探索。當然她的自然景色也不遑多讓，同樣可以在這個國家見到群山連綿、丘陵起伏、海景壯闊等多變的地貌，更別提漫長海岸線上的風景秀麗。

我們展開世界地圖時，一眼就能見到上面的一隻靴子，這個國土形狀特殊的國家，就是義大利。她的面積達三十餘萬平方公里，疆土主要由南歐的亞平寧半島和位於地中海的兩個島嶼——西西里島和撒丁島（或稱撒丁尼亞島）所組成，在行政上劃分爲二十個大區，人口約六千萬。她還有個特別之處，就是領土包圍著兩個小型的主權國家——梵蒂岡（State of the Vatican City）和聖馬力諾（The Republic of San Marino）。

今天的義大利，是歐元區的第三大經濟體。二十世紀中，全球金融出現幾次經濟動盪、債市危機，都與她不無關係，可見其對歐洲乃至全世界的影響力。義大利本身是歐洲的文明古國，不僅有舊石器時代的考古遺蹟，更曾經發展爲一個疆域龐大的帝國，同時還是文藝復興的發祥地，歷史文化博大精深，直至今日依然保存很多令人驚嘆的遺蹟文物，甚至有不少是曠世之作的珍品，值得我們一看再看。說起來，截至二〇二一年，義大利還是擁有最多世界文化遺產的國家呢！據最新的資料記載，共有五十八個之多，相較中國的五十六個，暫時領先了兩個。

這次「疫行」義大利，由初夏至仲秋，由初春到盛夏，四季更迭，累計的旅遊時間居然長達一百多天，除了再度踏入一些過去曾經多次到訪的景點城市外，還走過不少鮮爲一般旅客所熟知的城鄉小鎮，甚至品嘗了多元的傳統美食。

由於目前完成的書稿篇幅甚巨，因而將分爲三本書來出版，三部曲的第一本涵蓋北義重鎮米蘭、威尼斯及其周邊地區，第二本重點爲中北義的都靈、羅馬、佛羅倫斯、波隆那一帶，第三本則介紹亞洲人較少前往、但同樣精彩好玩的南義大利與離島。

其中，米蘭為我前往許多地方的中轉站，往返此地超過十次之多，是我過去這三年內停留時間最長的義大利城市，因此結下不解之緣。由於此行在二〇二〇年初夏自米蘭揭開序幕，就讓我首先從這座城市開始，細訴她的魅力何在，與大家分享義大利深度遊的驚喜與歡樂！

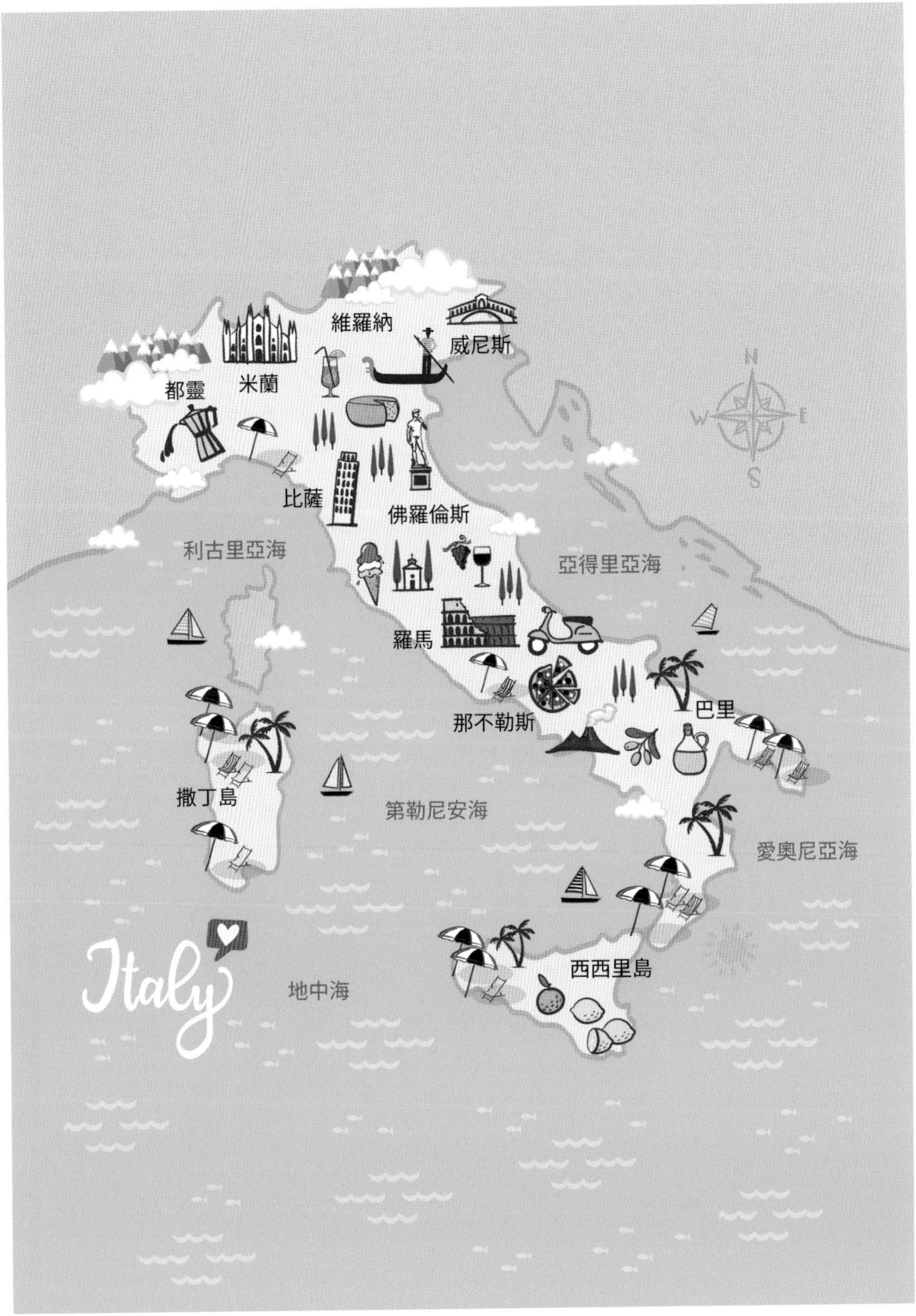
維羅納
威尼斯
都靈
米蘭
比薩
佛羅倫斯
利古里亞海
亞得里亞海
羅馬
巴里
那不勒斯
撒丁島
第勒尼安海
愛奧尼亞海
西西里島
Italy
地中海
N
W
E
S

米蘭及周邊地區

米蘭情緣

將希望傳遍世界

義大利的倫巴第大區（Lombardia）與瑞士南部的提契諾州毗連，所以我乘疫情期間在瑞士深度遊之際，多次自駕越境來到義大利米蘭，相較乘搭其他的公共交通工具，還是這方式更爲便捷和安全，除了車程不過四個小時外，還可避開疫情的社交傳染風險。米蘭因而成爲我旅遊義大利大城小鎮時的中轉站，在這裡留下不少足跡，也結下了深厚的情緣。

二〇二〇年初，義大利成爲新冠肺炎傳入歐洲時，首當其衝的第一個國家，而疫情擴散得最嚴重的，正是倫巴第大區的首府——米蘭（Milan）。

儘管當地政府採取了封城和多項嚴格的防疫措施，以對抗疫情的蔓延，可惜許多市民並不重視這些防疫措施，更存在不同程度的抵觸情緒，依然任意地行走在「疫城」中，令疫情一發不可收拾。

四月十二日，復活節的這一天，當時世界正籠罩在無盡的焦慮和悲傷中，享譽全球的義大利盲人國寶男高音歌手安德烈．波切利（Andrea Bocelli）身穿黑色禮服，站在空空蕩蕩的米蘭大教堂裡，舉辦了一場沒有現場觀眾的特別獨唱會，通過網路現場直播，試圖用音樂的力量，爲義大利和全世界的人民獻上一場代表愛、療癒和希望的演唱會。當時大教堂內除了這位歌手外，沒有任何觀衆，但超過三百四十多萬全球觀衆在線上觀看了直播，且音樂會的視頻觀看次數在不到半小時便已經達到三千五百多萬次之多。

波切利深情的歌聲隨著直播響遍世界，屏幕更以觸動心扉的嗓音爲背景，穿插了多座著名城市的畫面，包括仿如死城的義大利羅馬、威尼斯；沉寂的法國巴黎埃菲爾鐵塔、凱旋門；還有一片靜穆的紐約時代廣場，與過往大相逕庭的冷清場面令人既震驚又動容。

波切利同時在他的社交媒體上寫下了期望：「歷史告訴我們，在這一切結束後，春天會比我們記憶中的任何一個春天還要燦爛。」（History teaches us that after this is all over, a spring will come that will be brighter than any we can re-call.）

這場以治癒世界爲名的音樂會舉行之際，我剛好「落難」臺北，在家裡觀看電視的直播，被譽爲世界第四大男高音那悠揚而絕妙的歌喉、絲絲入扣的演出所深深感染。我與全世界人民一樣，默默地祈福，期待各地人民能迅速找回恢復正常生活的希望和動力。

米蘭的標誌

今天，說起這座倫巴第大區的首府，大家會想到什麼呢？實在很難用一句話以概之，這座城市融合了古老與現代、傳統與時尚、文藝與奢華，衆多對立衝突的元素意外地調和成爲一個「美」字，可以說米蘭的美無處不在。

過去米蘭曾是古羅馬帝國時期最繁榮的城市之一，甚至在公元二八六至四〇二年之間一度成爲西羅馬帝國的首都，擁有非常豐富的文化遺產。自古以來就是義大利的經濟中心，到十九世紀後期又搖身一變，成爲工業重鎮。

米蘭同時在義大利的宗教方面，占了重要的一席之地，其中的代表就是米蘭主教座堂（Duomo di Milano），一座矗立在市中心的宏偉建築。它不僅在歐洲宗教界有著舉足輕重的地位，亦是來米蘭必遊的熱門景點之一。既是城市的代表建築，這裡稍微介紹一下大教堂的歷史：

這座「米蘭的象徵」始建於一三八六年，歷時近六個世紀，於一九六五年才最後完工。它是由第一位米蘭公爵吉安・加萊亞佐・維斯康蒂（Gian Galeazzo Visconti）下令建造，匯集了德國、法國、義大利等國建築師的設計和共同參與，所以不難發現教堂內外融合了多種建築風格，包括哥特、巴洛克、文藝復興及新古典等。雖然風格各有特點，大教堂主體風格仍然以哥特式爲主，加上了各種變化裝飾，成就了「裝飾性哥特式」的建築特色。

↓米蘭主教座堂

米蘭大教堂是歐洲第三大教堂，僅次於梵蒂岡聖彼得大教堂（Basilica di San Pietro in Vaticano）和西班牙塞維利亞主教座堂（Catedral de Santa María de la Sede de Sevilla），但它的意義不只限於宗教面，也代表世界建築史和文明史的奇蹟。我未有宗教信仰，面對這座教堂，沒有信仰所附加的崇敬朝聖心情，卻因此可以更客觀地欣賞它本身的建築魅力，無論來過多少次，每回站在教堂前，這充滿藝術性的完美外觀，震懾人心的張力，總讓我一次又一次地爲之驚嘆。

這座教堂呈拉丁十字型，也就是水平兩臂等長，垂直的上臂最短、下臂最長的不等臂十字。教堂上半部分是哥特式的尖塔，下半部分是巴洛克風格，整體以白色大理石砌成，美國文學巨匠馬克・吐溫（Mark Twain）譽爲「大理石的詩篇」。大理石尖塔總共有一百三十五座，彷彿一支支刺向蒼穹的長矛，又如熾烈燃燒的火焰一般，每個尖塔的頂端都屹立著一個聖人雕塑，是由工匠們一刀刀雕鑿而成，刻工細膩，人物生動。米蘭大教堂應算是世界上雕塑和尖塔最多的建築吧！除尖塔上的雕塑外，外牆同樣布滿大大小小的雕像，人物與宗教故事有關，每座都姿態萬千，唯肖唯妙。

　　教堂正面有五扇重甸甸的青銅大門，分別完成於不同年代。每道銅門上鑄刻著宗教的歷史、神話和聖經故事，可惜疫情關係，大門前早已架起欄柵，嚴禁行人靠近，也讓我無法近距離細看。

　　至於大教堂的內部，最值得欣賞是精美絕倫的壁畫和彩繪玻璃窗，儘管內容千篇一律都與宗教相關，包括宗教故事或宣傳教義等，卻絲毫不影響它帶給人們的視覺衝擊。

1 教堂充滿栩栩如生的雕刻

2 大教堂內被剝皮殉道的聖巴爾多祿茂雕像

若有機會，千萬別錯過登上教堂屋頂。登頂有兩種方式，一種是一步一步攀爬九百二十級階梯，另一種則是乘坐電梯。我曾在二〇一二年與女兒進入大教堂，不僅將教堂內外完整參觀過一遍，亦有過登頂經歷。當時我們站在頂端，俯瞰整座城市，環繞身旁的是縱橫交錯的石橋和如森林般的塔尖，

1 大教堂內部

2 教堂內彩繪玻璃

我們好似站在世界之巔、天空之城，一切盡在腳下，有種飄飄然的感覺。

說到電梯，米蘭大教堂裡存放了一件聖物：耶穌被釘在十字架時使用的其中一枚釘子。這枚「聖釘」平時放在高處，每年僅有一次會降下並加以朝拜。這個如電梯般具有滑輪、纜繩的設備稱為Nivola，據說是達芬奇（Leonardo da Vinci，或譯為達文西）所設計的。

疫情期間每當我訪遊米蘭時，下塌的酒店就在米蘭大教堂附近，與大教堂可說是朝夕相遇。疫情下教堂大門緊閉，拒遊人於門外，我無緣在難得如此遊客稀少的階段進入教堂，唯有站在一千七百平方米的大教堂廣場前，遠觀這座經典建築，靜聽教堂的鐘聲。大教堂廣場可以說是疫情變化的「寒暑表」：每當疫情嚴重時，廣場就空無一人，遍地的野鴿早已遠飛他處，徒留一座義大利國王維托里奧・埃馬努埃萊二世（Vittorio Emanuele II，或譯為維克多・伊曼紐二世）的騎馬雕像，見證著新冠疫情的衝擊。儘管後來嚴密封城措施解除，大教堂前的廣場仍舊只有零星落索（粵語：零零落落）的行人，不見從前熙熙攘攘的景象。不過，當我於二〇二二年四月義大利政府宣布疫情結束時重返此地，大教堂廣場又回復人潮如鯽、萬人空巷的熱鬧景象了。

動感、時尚與藝文

位於義大利北部的米蘭面積約一百八十平方公里，人口有一百三十多萬，早在公元前四百年便已有人定居米蘭一帶，歷史相當悠久，且經歷高盧人（Gallia）、羅馬人、倫巴第人、摩爾人等的建設和發展，如今不僅僅是時尚之都，也是義大利僅次於羅馬的第二大城市，在全國的金融、經濟、工業等領域都占有相當重要的位置，是全國最繁榮富庶的城市之一。

一直以來，這座城市的街頭巷尾，總是熙熙攘攘，一派繁忙的景象，呈現活力四射的動感之都。除了城中心的米蘭大教堂外，當地以及周邊區域的推薦旅遊景點還多著呢！

離開大教堂後，我第一個想逛的地方就是附近的埃馬努埃萊二世拱廊（Galleria Vittorio Emanuele II），被認為是世界上最古老的購物中心。長拱廊的名字源於前面提到過的維托里奧·埃馬努埃萊二世，他是一八六一年義大利統一後的第一任國王，一位嚴格的立憲君主，他唯才是用，並能委以重任，全力支持國家的改革，使當時的統治地區成為諸公國中最穩定和開明的國家。

1 從大教堂廣場看埃馬努埃萊二世拱廊

2 廣場上的鴿子

1 拱廊交匯處頂端的玻璃圓頂

2 拱廊中心交匯處地面的馬賽克圖案

埃馬努埃萊二世長廊最初設計於一八六一年，及後再經朱塞佩．門戈尼（Giuseppe Mengoni）於一八六五年到一八七七年之間修建。然而，令人十分遺憾的是，就在即將完工前一年，這位大師卻意外從工地墜落而喪命，無緣親眼見證拱廊街的竣工。

埃馬努埃萊二世長廊的架構是兩條長廊呈十字型交錯，南北長一百九十八米，東西長一百零五米，長廊頂部覆蓋著鋼架結構的玻璃圓頂，這種帶頂棚的拱廊街商場設計流行於十九世紀，在埃馬努埃萊二世長廊之前，歐洲已有幾座拱廊街開業，不過規模都無法與米蘭的這一座匹比。

拱廊中心的交匯處爲一個八角形的區域，玻璃圓頂下方可見到漂亮的鑲嵌工藝品，描繪歐、亞、美、非四大洲及有關農業、科學和工業等內容的圖畫，地面則以馬賽克拼貼出包含義大利王國三個首都的象徵，包括羅馬的狼、佛羅倫斯的百合、都靈的公牛，還有米蘭白底紅色十字的市徽，以及正中央當時王國統治者薩伏依王朝（Savoy）的紋章。據說在都靈的公牛圖案上以後腳跟爲圓心將身體旋轉三次，就可以獲得好運呢！

如果說米蘭是世界的時尚之都，那埃馬努埃萊二世長廊可算是「三春車馬客，一代繁華地」。衆多國際奢侈品牌都在這個米蘭的購物聖地開設了旗艦店，第一時間就能在這裡看到各大品牌的最新款。若非疫情肆虐，總可以見到數不清的時尚買家和海外代購在此流連忘返。使用了一百四十多年的四層商場除了各種一線品牌入駐，還有書店、餐館、酒吧、咖啡廳和藝術品商店等等不一而足，街道寬闊，絲毫不顯雜亂。

不過這座富麗堂皇的購物天堂卻也同樣受到疫情的沉重打擊，無法始終如一地保持熙來攘往的熱鬧。疫情爆發前，每次我蹓躂到此，即使多半window shopping不欲消費，仍可以一飽眼福。此番來到這裡，總感覺「物是人非」，可能說得有些嚴重，但終究是今時不同往日。只見三三兩兩的執勤人員或是路人口罩遮面，匆匆掠過而不敢久留。

當我清晨到訪此地，晨光穿透巨大的玻璃屋頂投射下來，形成一圈一圈的光暈，形成一抹神祕又神聖的氛圍。我穿過宛如宮殿的長廊，兩旁的店鋪大部分仍在歇業中，少了人來人往的場景。站在光圈底下，我好似一個巡視領地的統治者，環抱眼前這一大片彷彿盡爲我所擁有的「殿堂」。我踩著八角形區域中央的紋章圖案，自拍自娛一番，能以從容不迫的心情在這裡拍照，留下難得的回憶，也算是僅有的一次了。

時尚的米蘭還是一座聞名遐邇的歷史文化名城。米蘭大教堂附近有個科爾杜西奧廣場（Piazza Cordusio），外觀帶著中世紀的風韻。廣場前一條長長的步行街，稱作但丁大街（Via Dante），街道兩側盡是典雅又華麗的古建築，許多建築物頂部還可見到各式雕塑。大街上開了各類不同的商店，餐館、藝廊等林立。想要好好領略米蘭的城市風貌，漫步這條充滿歷史氣息的街道，是一個絕佳的機會。

但丁大街的另一端是斯福爾扎城堡（Castello Sforzesco），最初是在一三五八年由米蘭領主維斯康蒂家族（Visconti）興建，後來遭到破壞，直至一四五〇年再由斯福爾扎家族（Sforza）重建城堡，記錄米蘭滄桑歷史其中的一頁。

前面提到過埃馬努埃萊二世拱廊的兩條長廊呈十字型交錯，其中一條長廊的一端出口位於米蘭大教堂所在的大教堂廣場，至於另一端，則是斯卡拉廣場（Piazza della Scala），廣場範圍不算太大，中間是個圓環，圓環內有許多長椅，可以在此好好欣賞位於正中央位置的達芬奇雕像，以及下方四個得意門生的雕塑，包括其中最有名的馬可．達．奧焦諾（Marco d'Oggiono）。這幾尊人物雕塑得精緻細膩，就連表情都活靈活現，吸引來往旅客在雕像前拍照留念。

達芬奇雕塑背對著馬里諾宮（Palazzo Marino），一座十六世紀的殿堂式建築，爲米蘭的市政廳所在地。正面與之相望的，是一座外觀出奇簡樸，不太顯眼，卻有著顯赫地位的建築——斯卡拉歌劇院（Teatro alla Scala）。雖然外貌不足爲奇，可別因此小看它！這可是一座世界級的著名歌劇院，裡面足足可容納兩千名觀衆。歌劇院是在一七七八年啟用，不過今天所見是二戰後重建的，因爲原來的劇院大廳在戰爭期間被炸毀，所幸戰後一年的一九四六年，劇院根據原貌修復完成並重新啟用。

出於疫情緣故，劇院大門緊閉，我未能重遊，猶記得過去曾入內觀賞過經典的歌劇《杜蘭朵》，除音響效果一流外，裝潢也極盡富麗堂皇之能事，以金色和紅色爲主調，水晶吊燈華麗而壯觀，座椅和包廂扶桿都包覆了高貴的紅絲絨，給予賓客尊榮的感覺，在聽覺和視覺上都是極大的享受。

1 斯卡拉歌劇院

2 斯卡拉廣場達芬奇雕塑

3 馬里諾宮是米蘭市政廳所在地

歌劇院內還設有博物館（Museo Teatrale alla Scala），展出著名指揮家阿圖羅・托斯卡尼尼（Arturo Toscanini）和偉大歌劇作曲家朱塞佩・威爾第（Giuseppe Fortunino Franceso Verdi）的遺物。不僅如此，還收藏不少與歌劇相關的歷史資料和物品，例如樂器、演出服裝、手稿和雕像等等，非常珍貴，値得一看。

建議大家當疫後劇院重開時，不妨把這裡列爲目的地之一。歌劇院提供專業的英語導覽，毋須擔心看不懂義大利文的介紹，還有機會進入最尊貴的中央包廂以及其他具有歷史意義的包廂，甚至參觀表演舞台的幕後製作過程。

可惜因爲疫情的陰霾，在米蘭市內觀光遭遇不少挫折，許多景點包括博物館、藝術畫廊、斯福爾扎城堡，甚至是保存著達芬奇名作《最後的晚餐》的感恩聖母教堂（Santa Maria delle Grazie，或譯爲恩寵聖母教堂）全都關門休息。

縱使街道上人潮退去，顯得冷冷淸淸、有點蒼涼，不過市容方面卻也獲得非常明顯的改善。過去米蘭給我的印象，街道顯得髒亂、垃圾頗多，這次一看，雜物和垃圾一掃而光，整齊乾淨，連露宿街頭的流浪漢都不多見，令人刮目相看。行走在這般充滿歷史氣息的街道上，可比以往摩肩接踵，時刻注意別撞到路人的情況要閒適得多，心情反而更爲舒暢。

時隔兩年後的二〇二二年三月，我重遊舊地，此時此刻，米蘭已恢復往日光彩，活力重現。大批旅客重新聚集在大教堂廣場，野鴿到處飛舞，爭奪旅客扔在地上的「雀食」。然而教堂、博物館、藝術館等知名景點，如要入內參觀，非得預約不可，當局依舊嚴防疫情再度反撲。由於歐美旅客爭相湧至，預約爆滿，我並未提早登記，只有再度望門輕嘆。

時尚的四角形

大家如果曾經觀看過二〇一九到二〇年間一部義大利時尚潮劇《義大利製造》（Made in Italy），對於米蘭這座「時尚之都」就會有更深刻的認識了。電視劇的故事背景，就在上個世紀七〇年代的米蘭。從一位來自義大利南部移民家庭的少女伊蓮妮爲出發點，講述她的職場故事同時，介紹了義大利時尚的崛起之路。正是在這個時期，一大批傑出的時裝設計師乘時而起，如 Giorgio Armani、Gianni Versace、Gianfranco Ferre 等，創造了眾多知名品牌，並帶著這些品牌衝出米蘭，帶給全球時尚界巨大的衝擊與震撼。他們的創造力和熱情改變整個世界的時尚潮流，就如劇中的雜誌女主編所說：「時尚是創造與想像，是文化與自由」。就是這群敢於創新的「時尚潮人」，把米蘭推上了「時尚之都」的高峰。

巴黎的香榭麗舍大道（Avenue des Champs-Élysées）是衆所周知的購物大道，米蘭不相伯仲，也有一條蒙特拿破崙大街（Via Montenapoleone），同樣是世界上享負盛名的購物大街。

蒙特拿破崙大街的位置在熱鬧繁榮的米蘭市中心，鄰近埃馬努埃萊二世拱廊街。這條大街與曼佐尼街（via Manzoni）、斯皮加街（via della Spiga），以及威尼斯街（corso Venezia）共同發展成一個著名的購物商圈，衆多知名時尚品牌的商店與工作室都匯集在此，被世界時尚界公認爲「時尚的四角形」（Quadrilatero della moda）。其他如鮑格斯皮索街（Via Borgospesso）、聖安德烈街（Via Sant'Andrea）等街道也同樣被涵蓋在「時尚的四角形」的範圍內。我來到米蘭下榻的幾家酒店都位於這個區塊內，每當往返酒店，總須經過此區，對這一帶知名的品牌商店可以說如數家珍，最熟悉不過了。

1 蒙特拿破崙大街

2 曼佐尼街

至於這條購物大街——蒙特拿破崙大街，為什麼會和拿破崙扯上關係？這就得從米蘭的歷史說起了：由於一七八三年有一家叫做蒙特聖特里薩的金融機構在這裡經營過金融借貸業務，因而大街曾被稱做「蒙特街」。到了一八〇四年，米蘭一度淪為法國拿破崙占領的城市，並成為存在時間只有短短數年的義大利王國（又稱拿破崙義大利）首都，拿破崙亦於一八〇五年五月二十六日在米蘭大教堂內舉行了他的加冕儀式，這就是蒙特拿破崙大街名稱的來源。

蒙特拿破崙大街連同這個「時尚的四角形」區塊內，每條以石板鋪就的街道都不如香榭麗舍大道那麼寬闊、氣派，甚至可以說是窄窄的街巷，外觀看來十分普通，若與臺北信義區的購物中心作比較，差距就更大，顯得有點落後。然而這一區，尤其是蒙特拿破崙大街，儘管早上通常較為空曠，遊人不多，一旦到了下午，人流湧現，一直到商店打烊前，這裡都是肩摩轂擊、擁擠熱鬧的情景。許多名牌商店前，經常停泊著名車，靜候那些進入店內購物的貴賓。當然，疫情期間除外。

雖然街道並不寬敞，兩側的歐式建築物卻充滿義大利風情。世界各大名牌的商店經常各出奇謀，將展示的櫥窗裝飾得別具巧思，以宣傳品牌的優點和詮釋自己的設計概念。平日我來去匆匆穿行其間，卻不免多次被這些標奇立異的櫥窗陳列吸引住，停下來觀賞一番。

二〇二〇年到二〇二二年疫情期間，一向喜愛購物的亞洲旅客被拒於米蘭外，原來的熱鬧大街空空蕩蕩。本土代表性的品牌如 Dolce & Gabbana、Gucci、Versace、Etro 等，購物人潮大不如前，不過，今年歐元接二連三大幅貶值，我估計待全球疫情平緩之後，重回米蘭購物天堂正是好時機，特別喜愛義大利品牌的朋友們，切勿走寶啊！

在眾多義大利服飾品牌中，我鍾情於輕巧的旅行羽絨服盟可睞（Moncler），以及既保溫又耐用的羊絨服裝諾悠翩雅（Loro Piana），如果是夏季休閒的服裝，鯊魚牌（Paul & Shark）則是我的首選。這些品牌服裝舒適大方，非常適合如我這般穿著較爲隨意的人。所以我來到米蘭時，若想要淘寶些衣服，便會選擇這幾家位於「時尚四角形」的旗艦店。因爲品牌眾多而看花了眼，不知該如何選擇的朋友們，若有人的穿著需求和我雷同，也不妨把這幾個牌子納入考慮。

有人說過：「米蘭人平常都愛穿亮麗顏色、風情萬種的服裝，還喜歡配上各式小配件，讓人看起來有充滿自信的感覺。」並說：「米蘭人穿著衣服第一點絕對是舒服，穿得舒服、看得舒服，就會顯得打扮是一件讓自己舒服的事情，所以米蘭人很喜歡打扮，認爲是對自己的一份尊重。」的確如此，我在路上見到的米蘭人總是樂於展現自我特質，且無論怎樣穿著打扮，都相當怡然自得。

正是在這樣的一個氛圍下，米蘭聚集了世界的時尚專業人士，他們每季甚至每月都能設計出時尚的服飾，還出版各類大大小小的雜誌和刊物，引領世界潮流。米蘭被稱爲是時尚之都，可不僅是因爲每年兩次蜚聲國際的時裝周就能做到的。

食在米蘭文華東方

民國著名的文學大師梁實秋先生不僅學問做得好，還是一位實實在在的美食愛好者，他曾寫過一本書來專門紀錄對美食的喜愛，這就是《雅舍談吃》的由來。這本書的內容更不只有美食而已，引經據典、旁徵博引，字裡行間融合了飲食文化和人情故土。梁公認爲「美食者不必是饕餮客」——美食者重在食物的質，而非量。我深以爲然。

國際大都市也好、鄉村僻野也罷，不管時代如何發展，一個地方總會保留一份特有的飲食文化。同屬美食大國，義大利人對美食的講究一點也不比法國人含糊，單是對咖啡和義麵的執著已無人能敵。此次在米蘭，我的臺灣老友建議，若有機會一定要嘗試這裡的米其林餐廳。疫情期間折戟的米其林省去了必須的預約環節，也算是方便。

這裡先簡單介紹一下「米其林」：一九〇〇年米其林輪胎的創辦人出版了一本供旅客在旅途中選擇餐廳的指南，即後來享譽美食界的《米其林紅色寶典》（Michelin Red Guide），又叫做《米其林指南》。武術界有所謂的「武林祕笈」、「武林寶典」，餐飲業也不遑多讓，亦有這本專業的「寶典」被公認爲歐洲的美食聖經。後來它成爲一家專門點評餐飲業的權威鑑定機構，每年爲歐洲的餐廳評定星級，並逐漸擴展至全世界。近年中國改革開放後，亦加入了「米其林」行列，上海和北京等大都會都有不少「星」級食肆。

根據「寶典」的介紹，米其林的評審相當嚴苛，而星級評定分爲三級：一顆星表示「值得造訪」的餐廳，兩顆星代表「值得繞遠路」去拜訪的餐廳，到了最高等級三顆星則是「值得特別安排一趟旅行」去造訪的餐廳，代表餐廳值得專程前往造訪。每個等級之間雖然只有一顆星的區別，但差別卻很大。此外還根據餐廳的舒適度，給予交叉的湯匙和叉子符號，從「一副交叉的湯匙和叉子」，到最高級別的「五副交叉的湯匙和叉子」。米其林評審不只針對食材、味道、賣相，連餐廳的裝潢、設備餐具，還有服務員的態度和衛生環境等諸多條件也都在審核的範圍內。

通常餐廳獲得米其林星級殊榮後，就會被旅遊界、飲食界推介，因而知名度大增，餐廳的經營者和主廚們亦身價飆漲，食客源源不絕，財源廣進。但也有餐廳放棄已獲得的榮譽或拒絕評鑑，以減少評鑑帶來的壓力，回歸初心。

早前我在巴黎嚐過一星到三星的法式大餐，今天就讓我數著星星來體驗一次米蘭米其林的美味和榮耀。

我選擇的米其林二星餐廳 Seta 正好在我下塌的米蘭文華東方酒店（Mandarin Oriental Milan）裡，位置在米蘭商業中心蒙特拿破侖街附近，酒店本身已屬五星級，是由一棟十八世紀的大樓改造而成，外觀與內裝都非常優雅。這是我在義大利首嚐和此行唯一造訪的星級米其林餐廳，加上當地名牌布契拉提珠寶商（Buccellati）老朋友 Dimitri 的推薦，當然得好好把握這個機會，希望此次能給我帶來「義式」驚喜。

眼下義大利又出現間歇性的疫情，此爲第三波了，入境條件加了「辣招」（粵語：嚴厲措施），需要強制隔離，以及登機前接受檢測，令旅遊業更加雪上加霜，旅客卻步不前。這晚我也算是包場的VIP了，適逢其會享受一頓美食。

↑米蘭文華東方酒店

餐廳本身裝飾得很有時代氣息。服務員送上晚餐的菜單——融合義大利南部風味的簡約海鮮餐。我老伴常說吃海鮮最重要的是食材，且讓我在此當一次「觀察員」吧！

有人說：「享受美食的時間是快樂的，但是等待美食出爐的時間是最快樂的。」前菜之前，先來了義式麵包，放在餐桌上感覺十分別緻。其實探究其中，不過是將麵包放在一個精緻的小鐵籃內，再用一塊花布覆蓋。一個簡單的方式，卻予人既實用又得體的感覺。呈上來的麵包新鮮出爐，依舊是熱乎乎的。相較有名的法國麵包，這款麵包顯得稍軟一些，頗合乎我這位「老玩童」的胃口。另外還有以高級初榨橄欖油和鹽製作的麵包條，搭配兩款牛油，其中一款圓形是原味的，另一款則添加了海藻，可以體會出搭配的用心，相當不錯！

與早些時候在法國米其林餐廳用餐不同的是，這趟我是「單刀赴會」，未有友人陪伴，有點孤單感，然而不失是一次 solo show，自編自導自演，又邀請服務員客串攝記，爲我們亨達集團的 youtube 頻道「1號月台」視頻積累美食題材，不讓法國巴黎的米其林專美於前。

開胃前菜很快上來了，是生蠔配薯蓉佐香檳醬：生蠔放上義大利辣椒，鋪上紫薯薄片，配以馬鈴薯泥和香檳醬。端上之後還需要現場用噴槍的烈焰稍微炙烤一番，不消一分鐘時間，生蠔香氣竄出。本來我不太愛海鮮，主要是怕海鮮的腥味，然而這是固定的套餐，別無選擇。當我勉強把生蠔放進嘴裡時，卻完全感覺不到腥味，而且非常肥美可口，不腥不膩，比在法國嘗到的口感有過之而無不及，讓我頓時改變了對海鮮的觀感，接下來在義大利的行程中，幾乎每餐都非得來點海鮮不可。

下一道前菜是海葵紅蝦義麵，在極品的紅蝦上撒了黑檸檬粉，紅黑配的賣相相當誘人，色香味俱全，絕無挑剔可言。

接下來是重中之重的海鮮主菜——紅酒鰻魚佐鵝肝醬。這道菜的鰻魚已搓製成團狀，完全看不出來鰻魚的外觀了，並且用炭火慢烤，加上佐醬，吃起來有點叉燒加魚鮮的味道。鰻魚處理得乾淨俐落，食用的時候完全找不到一根幼細魚刺，此外鰻魚皮口感爽脆，入口卽化，簡直完美絕配。我多次用過義式餐飲，感覺到它的口味跟我們東方料理很接近，不像法國菜那般油膩。因此，我借這個機會特別向老饕們推薦，到米蘭值得來此大涮一頓。

最後甜品環節，簡直是味覺和視覺的雙重盛宴。檸檬雪葩（雪酪）伴薑啤泡沫在沁心冰爽中夾雜花生醬帶來的醇香，令我回味無窮；至於焦糖泡芙伴石榴雪葩，泡芙本就源於義大利，這款甜品算是餐廳的強項了，吃起來外酥內滑，更不用說還有榛子南瓜醬增加口感。最後的一款甜品小蘋果也相當用心，做得精緻好看，口感極佳。

一番體驗下來，不管是服務還是菜品，相比法國的三星米其林一點都不遜色，最重要的是氣氛輕鬆，不規定非得正裝穿著，沒有半點拘謹，完全回歸隨意自然。用餐完畢，我向餐廳表示非常滿意，意外地獲得行政副主廚 Mr. Federico Dell'Omarino 邀請進入餐廳的核心地帶——廚房，還爲我在當晚的餐單上留下他的親筆簽名，在這樣的非常時期享受一份不平凡的精緻晚餐，實在是一件賞心樂事。

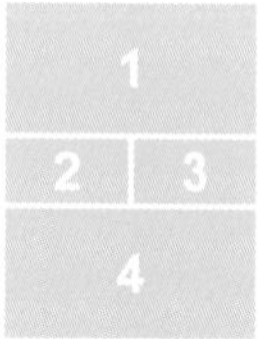

1 海葵紅蝦義麵

2 參觀廚房

3 餐廳內部

4 檸檬雪葩伴薑啤泡沫

米蘭後花園：科莫湖與科莫城

今日我的行程是前往米蘭五十公里外的科莫湖（Lago di Como）遊歷，算一算，這已經是我三訪科莫湖了。它位於阿爾卑斯山南麓盆地，被幾座山包圍與分割，形成一個倒Y字型的狹長湖泊，好似一個律動中的人形，是義大利最負盛名的冰川湖，水源來自於阿爾卑斯山冰川融化後的潺潺雪水。科莫湖面積約一百四十多平方公里，最深處達四百多米，是義大利的第三大湖，也是歐洲最深的湖泊之一。

科莫湖北邊有個峭壁形成一堵天然的牆，湖畔遍植葡萄園，亦栽種其他經濟作物；據說湖中漁獲甚豐，是捕魚、釣魚好手的樂園。湖岸經年覆蓋蔥鬱繁茂的植被，景致多樣，風光明媚，如人間仙境般，有「米蘭後花園」之稱，從羅馬時期開始便一直是著名的度假勝地，人們嚮往的避世桃花源，昔日是羅馬帝國凱撒大帝（Julius Caesar）和古羅馬貴族們的至愛，如今這兒更是世界一

↑科莫湖

流的休閒度假聖地，並吸引好萊塢明星和世界各地的名人商賈來此置業，到處都蓋起了別緻的別墅。其中著名的電影明星喬治·克魯尼（George Clooney）在湖邊購置了豪宅，曾在二〇一九年接待過美國前總統貝拉克·奧巴馬（Barack Obama，臺灣譯爲巴拉克·歐巴馬）一家，他們在湛藍的科莫湖中泛舟暢遊，驚動了當地政府，爲了確保奧巴馬一家的安全，緊急關閉小鎮碼頭，甚至包括別墅周圍的水域也被劃入臨時禁區，一度引起附近居民的非議。

湖畔保留不少歷史悠久、外觀典雅的別墅，包括受到導演青睞作爲電影取景地的巴比安內羅別墅（Villa del Balbianello），《007：大戰皇家賭場》（Casino Royale，臺灣譯爲《007首部曲：皇家夜總會》）和《星球大戰前傳：複製人侵略》（Star Wars Episode II: Attack of the Clones，臺灣譯爲《星際大戰二部曲：複製人全面進攻》）等電影都曾來此拍攝。

高高低低的屋舍與青山一同倒映在如鏡無波的綠水上，如此詩情畫意的湖區，確實讓人流連忘返。

與湖同名的小鎮科莫城（Como）在科莫湖西南端，司機兼導遊將車停在城內，先遊湖，盡覽湖光山色後，再返回城內遊歷一遍。過去我只遊湖，全然忽略了這座古羅馬時期的小城。小鎮風情不亞於我早先旅遊過的許多瑞士城鎮，悠閒慢活。又逢疫情緣故，讓小城更顯幽靜。

科莫大教堂（Cathedral of Como）位於城中心廣場，是座羅馬天主教堂，算是小城的地標。大教堂始建於一三九六年，但直到一七七〇年時期才完工，屹立在城中心已超過兩百五十年。教堂外觀爲大理石材質，因爲建築時間極長，建築具有多種風格，包括哥特式、文藝復興及巴洛克等，以哥特式爲主，圓穹頂則是後來加上去的。潔白的牆身與青綠色的穹頂相互襯托，在城內的廣場上顯得格外醒目，優雅而精緻。

个科莫一隅

由於教堂體積過於龐大，又限於廣場周圍寬度不夠，我用盡了辦法，即使運用了廣角鏡，也只能拍到教堂的部分，難以憑一張照片展現它的全貌。

1 科莫大教堂

2 青蛙之門

教堂外面的雕塑精美絕倫，內部也有珍貴且保存完好的掛毯、繪畫和雕刻。光線穿過巨大的玫瑰花窗投射下來，教堂內隨之呈現忽明忽暗、斑駁陸離的光影變化，令人有種脫離了塵世的錯覺。衆油畫中最有代表性的要屬本土畫家盧伊尼（Bernardino Luini）的《三王來拜》和《聖徒環繞中的聖母子》兩幅壁畫，另外還有一座讓人悲愴憐憫的雕塑《基督下十字架》。教堂內莊嚴肅穆，氣氛相當凝重。這時進入教堂的除了我一人爲參觀的旅客外，其餘都是正在祈禱禮拜的當地居民。不知是否正祈求疫情盡速遠離古城，保佑鄉親父老平安無恙。

司機刻意介紹大教堂其中一扇門前的壁柱雕刻了青蛙捕捉蝴蝶的圖案，這扇門被稱爲「青蛙之門」，據說碰觸青蛙可以帶來好運。

一旁與教堂緊緊相連的兩層樓建築物，底層又見拱廊的型態，原來在過去十三世紀時是布洛萊托市政廳（Broletto），今天化身成爲商店、餐廳和咖啡室。我原打算入內找找我的至愛 Coca Cola 解渴，結果受疫情影響，所有商店均未營業。

值得一提的是，科莫古城還是歐洲出產絲綢的中心之一，其製品之精良，

深受歐洲時尚名牌的垂青，據說當地絲綢商家會與頂尖奢侈品牌長期合作呢！

為了登高遠望，盡覽古城全貌和波光瀲灩的科莫湖，我另外還乘上已超過百年歷史的登山纜車，直達山崗上的觀景台。從這兒放眼望去，湖面水平如鏡，倒映著藍天白雲和蒼翠的林木，美不勝收，一幅山水畫卷就這麼活生生呈現在面前。

1 科莫大教堂內部

2 布洛萊托市政廳

↑從觀景台遠眺科莫湖

山崗上有條主要步道，可以一路走到盡頭的岬角瞭望台，從這邊能望得更遠，甚至遠眺對面馬焦雷湖（Lago Maggiore）湖區，以及湖中三座如明珠般的小島。

在回程米蘭前，司機還特意開車沿著科莫湖畔走了一段，讓我得以更加仔細地欣賞那些建在「人間仙境」的豪華別墅。他甚至將我載往位於Dosso d'Avedo半島上的巴比安內羅別墅打卡，我本想做一回網紅，孰料又被疫情壞了好事，別墅關門拒客！唯有悵然離去。

義大利最大湖泊：加爾達湖

從新認識的義大利朋友周總口中得知，距米蘭一百多公里外，有個全義大利最大的湖泊——加爾達湖（Lago di Garda）。那裡湖光山色，風景明媚，而且湖區隱藏著不少留有羅馬古蹟的小鎮，不妨到湖區待個幾天，消磨時間。

我早已安排接下來要到皮埃蒙特大區的幾個古鎮遊訪，恐怕未能花上幾天時間暢遊加爾達湖，然而周總的推薦又令我心猿意馬，把持不定，深怕錯過了那些絕美古鎮。最終決定挪出一天時間，先到湖區，再接後續的行程。

加爾達湖位於米蘭和威尼斯的中間，是一顆鑲嵌在波河平原（Po River Plain）和阿爾卑斯山之間的璀璨明珠。根據資料顯示，湖是於第四紀冰河時期結束時的冰川融化而形成。從地圖上看加爾達湖，一端較爲細長，一端較爲開闊，形狀有點像一把斧頭。它南北長五十二公里，東西窄處約四公里，寬處達十七公里，湖的面積有三百七十平方公里，是義大利境內最大的湖泊。

因爲行程改變得很突然，未能安排好導遊，酒店禮賓部很貼心，爲我配上了知根知底、熟悉湖區的司機，至少能在路上順便爲我作一些簡單講解。

加爾達湖的湖岸線約有一百五十公里長，如果選擇單純遊湖或駕車繞湖一圈，估計三、四個鐘頭可以完成。然而單是細數地圖上顯示出來的知名小鎮，就足有二十五個之多，假如逐個小鎮都想停留遊玩一番，即使不算車程，也至少需要兩、三天才能完成。礙於時間有限，我的作法便是選擇幾個重點，來一次湖區精華遊。西爾苗內（Sirmione）、拉齊塞（Lazise）、巴多利諾（Bardolino）、瑪律切西內（Malcesine）和里瓦德爾加爾達（Riva del Garda）這五個小鎮就是我選定的目的地。

加爾達湖給我的第一印象，立刻浮上腦海的是詩人蘇東坡在《前赤壁賦》中描述的「縱一葦之所如，淩萬頃之茫然。」湖面一望無際，似有千里之遙。它哪裡是一個湖？簡直就是一片海！早上八點時分，晨光投射在碧綠澄澈的湖水上，波光粼粼。我迎著湖風向前走，還未開始遊湖，心情已舒暢萬分！

守護湖區的城堡：加爾達

今天的湖區遊，以加爾達（Garda）為出發點。

我們先把車停在富有威尼斯風情的卡皮塔諾宮（Palazzo dei Capitani）前停車場。司機介紹小城歷史悠久，過去為義大利北部一個要塞城市。在城鎮上方約三百米的山上，留著一堆殘垣斷壁的遺蹟，過去有著「一夫當關，萬夫莫開」的氣勢，居高臨下守護著湖灣區，保護城中市民，甚至力拒當時盛極一時的德國皇帝腓特烈一世（Friedrich Barbarossa）的入侵，戰績斐然。由於加爾達城堡名噪一時，湖的名字便由原本的貝納庫斯（Benacus）改稱為加爾達。至於城堡本身，後來重要性逐漸降低，直至十六世紀遭戰禍毀去，而今成為旅遊人士參觀的景點，據說城堡所在的高處可以俯瞰壯觀湖景。

因為我今天湖區小鎮的行程排得十分緊湊，一個接著一個，未能登山望湖，匆匆忙忙到達湖畔的碼頭，乘搭遊湖快艇，試圖從湖上欣賞這座「英雄城堡」，卻只見到山上繁茂的植被。諾貝爾文學獎得獎者義大利詩人焦蘇埃·卡爾杜奇（Giosuè Carducci）曾對城堡有一段描述：「越過平如明鏡的湖面，加爾達城堡聳立在遠方，它像一個古老的童話，至今仍在低聲吟唱，沉

个加爾達湖畔加爾尼亞諾的貝托尼別墅

沒的城鄉，消亡的原始民族國王。」

儘管這時義大利疫情稍緩，政府依然設有較嚴格的戴口罩措施，雖然小船只有我跟船長兩人，但我們仍要遵守防疫規定，安全至上。這次採用了「包船」方式，自由度高。船長非常熱情，因爲疫情導致生意慘淡，我是他四個月來的首位乘客。

小船駛離古城碼頭，讓我從湖上遠眺突出於山崖上的城堡，接著先北遊一圈，再折向南面，朝第一個目的地西爾苗內（Sirmione）前進。

小艇來到湖中，環視四周景色，眞箇如明末才子袁宏道在《昭慶寺小記》所描述的西湖那般「山色如娥，花光如頰，溫風如酒，波紋如綾，才一舉頭，已不覺目酣神醉」，好不愜意。

湖上明珠：西爾苗內

西爾苗內位於加爾達湖最南端，一個伸入湖中約四公里的狹長海岬末端，三面環水，從地圖上看來，宛若一把匕首插入湖中。Sirmione含義是「島中珍寶」，在湖區算是名氣較大的小鎮，卻不太爲亞洲人所熟悉，因爲這裡並非著名的購物天堂；不過對於歐洲人而言，就是眞正的「湖上明珠」了，是度假泡湯的溫泉勝地。

我們距離湖南邊的西爾苗內愈加接近，船長手持地圖，指點一番。他告訴我，當水滲入地底，被地熱加溫後，從加爾達湖的某一段水域冒出來，成爲溫泉。該處不斷冒出氣泡，湖水二十米下面的溫度更達到七十度高溫，也因此附近的西爾苗內得天獨厚，成爲知名的溫泉度假勝地。

我們的小艇順著水道進入小鎮，經過周遭被湖水和護城河包圍、彷彿飄在湖上的「水城堡」，格局相當特別，這就是小鎮的「名片」斯卡利傑羅城堡（Scaligero Castle/Castello Scaligero）。「水城堡」始建於十三世紀，這段時期是由維羅納（Verona）的斯卡拉家族（della Scala）所統治。要想進入西爾苗內古鎮，得先通過城堡狹小的拱形門洞，再走一小段，就到達小鎮的碼頭。

順便一提，即使是門洞的鐵環，義大利人都能繫上戀人們的同心鎖，似乎隨時都在展現他們的濃情蜜意。

↓被湖水和護城河包圍，彷彿飄在湖上的斯卡利傑羅城堡

除了門洞外，小鎮前面有一座石橋，我猜測過去應該是座吊橋。當敵人來犯時，只要將這兒守住，就大有當年三國時期張飛橫矛立馬於橋上，喝斷長板橋之氣勢。

城牆保留了古城門和威尼斯共和國的兩個圖騰，而城堡的看點主要在於三座塔樓，以及一座四十七米高的瞭望塔，塔下面是城堡地牢。如果塔樓開放的話，登上去可以三百六十度環迴觀覽整個半島，視野極佳。據說當年這座城堡要塞一方面是為防禦外敵入侵而建，另一方面亦能窺控鎮內居民的動靜，一舉兩得。城牆上設有燕尾狀的垛牆，儘管身經百戰，歷盡風雨，依然巍然屹立。東面一座碼頭當年提供艦隊停泊，現在依舊使用中，繼續服務小鎮居民。

我遊過城堡部分開放的區域後，隨即進入城堡後面的古鎮。疫情前，這小鎮門庭若市，假日旅客人潮擁擠，如今倒是可以讓我從容穿過。小鎮很迷你，以一條主要道路貫通其中，儘管街道狹窄，卻十分乾淨雅致。山坡遍植橄欖樹和檸檬樹，頗具有地中海風情。至於建築物也非常吸睛，外牆、庭院栽滿薔薇一類的鮮花。經過的曲徑小巷兩旁千篇一律都是咖啡廳和餐館，不過顧客寥寥無幾。我擇一處面湖而坐，藉機享受湖風的吹拂，悠然自得。順便把眼前的美

↑ 從湖上看卡圖盧斯石窟

景傳給香港的同事，換來一片羨慕的回應。

在海岬的末端、小鎮的北部，還有一個值得參觀的羅馬時代古蹟，是建於公元前一世紀末的卡圖盧斯石窟（Grottoes of Catullus）。其實該處並非眞正的石窟，原本是羅馬別墅建築，由於遺址大部分被掩埋，狀似洞穴，才被冠上石窟之名。石窟的名稱來自於公元前一世紀的古羅馬詩人卡圖盧斯（Gaius Valerius Catullus），因爲十五世紀發現他的詩歌中講述他在西爾苗內有間居所，後人因此認爲這座遺址

个拉齊塞城門

包括占地兩公頃的行宮，以及種有一千五百多棵橄欖樹的橄欖園，都跟這位詩人有關係。還有另有一種說法，認為它是當時地方行政長官的官邸。究竟何種說法正確，我非考古專家，自然無從判斷，卻不妨礙我對該處的欣賞。

記得曾看過一齣當時火遍全球的同志主題電影《請以你的名字呼喚我》（Call Me by Your Name，臺灣譯為《以你的名字呼喚我》），其中部分拍攝取景地正是這個卡圖盧斯石窟。當兩位男主角穿行於考古現場，從電影畫面中，見到僅存斷壁殘垣的遺址，

个拉齊塞港邊風光

讓人不禁聯想到遭火焚燒後的圓明園。但那些留下的拱門、寬闊長廊、馬賽克拼花地磚以及面湖的大廳，依稀還能想像原本完整的建築該是何等壯觀。目前石窟遺址已改成博物館，不過疫情下無法進入，我暫時無緣欣賞到遺址中的壁畫和一些藝術藏品。

最古老的市鎮：拉齊塞

小鎮位於加爾達湖的東南岸，被一堵中世紀城牆所包圍，石城門刻上了拉齊塞的名稱 Lazise，兩邊亦有保護神的壁畫和塑像，厚重大氣。光看這架勢，就覺得小鎮的規模應該相當可觀，殊不知範圍不大，人口只不過七千人，儘管如此，卻仍具有代表性，因爲它被認爲是義大利第一個、也是最古老的市鎮（comune）。我穿越城門進入鎮內，眼前是一條筆直大街，最有看點的是旁邊的聖尼科洛教堂（St. Nicholas Church）。順著鎮內主要的鵝卵石大街往前走，經過維托里奧．埃馬努埃萊廣場（Vittorio Emanuele Square），再前行就是湖邊的古老港口、倉庫和鐘樓，有著澄澈湖水的港口停泊了不少小艇，卻未見到輪渡的蹤影，估計又是疫情惹的禍吧！

我們於是利用這段時間留在古港口的餐廳用餐。司機表示，若有機會重訪，不妨考慮在鎮內住宿一宵。這是個適合欣賞夕照美景的地方之一，濃媚的景色引人流連。我立刻記下這個建議，將訊息傳給臺北亨強旅行社的陳總，提醒她記得下次爲我鋪排。

以葡萄酒聞名：巴多利諾

第三個小鎮巴多利諾與拉齊塞相距僅十多分鐘車程，當地生產的同名葡萄酒，無論在當地抑或國際市場，都相當出名。由於加爾達湖是冰川湖，湖區

↑聖尼古拉和聖塞韋羅教堂

爲冰磧石的土壤，能夠栽種優良的葡萄品種，搭配阿爾卑斯山早晚涼爽的山風，以及明媚而充足的陽光，成就了出色的葡萄美酒。北京薇娜利雅葡萄酒精品館的黃總就曾提醒我，來到這裡一定別錯過品酒一事。

小鎮同樣歷史悠久，環境幽靜。我原本是想在這裡欣賞一番湖光山色，卻見加爾達湖上忽然起了霧，遠處的阿爾卑斯山雲霧繚繞，一抹江南景色就在眼前。離開了湖邊，人潮漸漸多了起來，觀察一下，發現都是出來曬太陽享受下午茶的當地人。我在小鎮裡見到一堵傾斜的牆，本來是十一、十二世紀時所建造的防禦性堡壘一部分，如今只剩下這孤單的牆體了。

歌德的關押地：瑪律切西內

加爾達湖畔的小鎮一個接著另一個，風景一片連著另一片，瑪律切西內（Malcesine）無疑是其中一個別緻的小鎮。海拔兩千多米的巴爾多山是它的天然屏障，又有清澄碧綠的湖泊相伴，來到這兒，時間流動的速度彷彿比別處還來得慢些，予人一種寧靜悠閒之感。

瑪律切西內人口不足四千，卻成爲湖區一個旅遊小鎮，都得歸功於鎮上的地標性建築，同樣也叫做斯卡利傑羅城堡（Castello Scaligero di Malcesine）。這座城堡以湖畔岩石爲基礎，拔地而起，目前的外觀是在十三世紀建造，包括防禦性城堡和一座當地石材建造的塔樓。如今城堡有一部分設爲自然歷史博物館，展示湖區的動植物標本。據說堡內還有座一四四二年鑄造

↑斯卡利傑羅城堡

的大鐘，至今仍在使用中。我們沿山坡小徑緩緩向上走，卻見城堡重門深鎖，不得其門而入。聽說城堡提供舉行婚禮的場地，非常熱門，可以想像環境是多麼詩意和浪漫！此外，若有機會登上塔樓，還可居高臨下，俯視小鎮一幢幢帶有歷史感的紅瓦頂房屋。

德國大詩人及作家歌德（Goethe）也曾經造訪小鎮，被它的魅力所傾倒，每天對著城堡進行寫生，意外被當做間諜抓進城堡中關押，之後歌德把這段特別經歷寫進自己的旅行手記中，使瑪律切西內以如此特別的方式聲名鵲起。

湖畔有個廣場，大約算是鎮中心了。有些餐館設有戶外座位，不過當前的防疫措施導致客人很少，只有幾隻野鴿在餐檯下不停來回覓食，景況看來有些淒涼。小鎮的通道縱橫交錯，估計過去也是爲了防禦作用，但也因此讓小鎮多了一份歷史感。不得不承認，義大利人在古鎮維護這方面的工作確實做得很細緻，我前後經過了四個歷史小鎮，古蹟的狀態都保存得很好，最難能可貴的是沒有與現代商業行爲造成太大衝突，古韻猶在。

順道一提，整個小鎮的街道

↓瑪律切西內街道

以鵝卵石和石板鋪設，走在上頭都得小心翼翼，以免跌倒。

關於瑪律切西內還有一則資訊要和大家分享，司機說在小鎮的後山有一條全景公路，沿著山道可以眺望整個小鎮和湖岸風光，視野極佳，自駕遊的朋友一定不要錯過！

湖畔的中世紀堡壘：里瓦德爾加爾達

加爾達湖的西北角有個只有四十二平方公里的小鎮，叫里瓦德爾加爾達，簡稱里瓦，是另一個世外桃源，天然景色自不必說，充滿詩情畫意。在歷史上，里瓦曾經隸屬威尼斯共和國、特倫托采邑主教區（一個教會公國）、拿破崙所統治的義大利王國，以及奧匈帝國，也因此留下多元特色建築。

湖畔一座建於十二世紀的中世紀城堡現已變身為博物館 MAG（Museo Alto Garda），收藏與展示歷史考古與藝術相關珍品，城堡本身除了主塔樓之外，其它部分都是後來修建的。因疫情關係，城堡並未開放，我只能過門而不入。二〇二二年當我再度來訪時，城堡疫後重開，我自然補回了參觀的機會。城堡最高一層是觀景台，視野遼闊，無論老城風貌或加爾達湖光山色，一覽無遺。我眼尖發現一眾健兒正揚帆出「湖」，說明這裡是帆船運動競技的理想之地。

鎮中心的方形廣場（Piazza III Novembre）上有一座高聳的塔樓（Torre Apponale），廣場周邊圍繞著顏色繽紛的房屋，看上去很有威尼斯的味道。

詩人、文人如作家司湯達（Stendhal，亦即傳世名作《紅與黑 Le Rouge et le Noir》的作者馬利—亨利．貝爾 Marie-Henri Beyle）、法蘭茲．卡夫卡（Franz Kafka）都曾在此尋找靈感，今天適逢其時，我循著大師們的足跡，與他們進行一次超越時空的交流。

我也乘登山纜車來到 Monte Brione 山上，探索一座破敗的碉堡遺址。站在觀景台，小鎮和湖的西北面一覽無遺。待回到鎮上已是傍晚時分，我就在鎮內穿街過巷，感受當地市民悠閒的生活。本想守候到夕陽西下，卻遇到霧氣籠罩，想必與落日美景無緣，於是決定打道回府。

1 方形廣場（Piazza III Novembre）與塔樓

2 從山上鳥瞰里瓦德爾加爾達

CAFFÈ
RISTORANTE
BAR

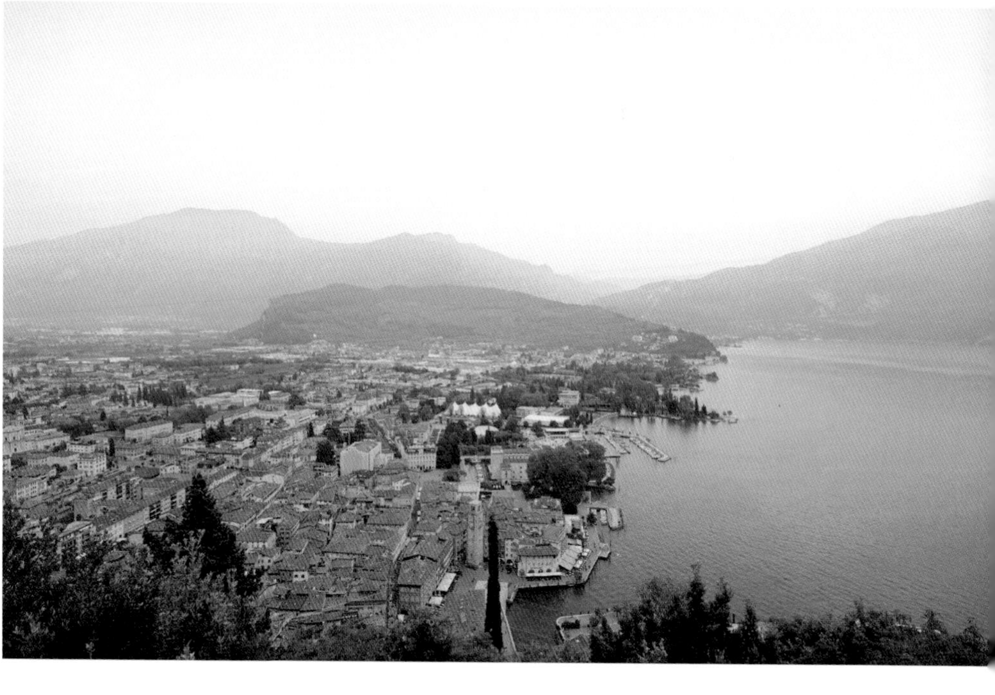

↑EALA 湖畔酒店

仲秋重遊加爾達湖

二〇二二年仲秋十一月，正值涼風送爽的旅遊佳節，我重返加爾達湖，這個廣闊猶如大海，橫跨義大利威尼托（Veneto）、特倫蒂諾—上阿迪傑（Trentino-Alto Adige）和倫巴第三個大區的湖泊。如果以大家熟悉的臺灣日月潭來作比較，它大約是日月潭的五十倍，這樣應該可以對煙波浩瀚的加爾達湖有一個大約的概念了。

我在二〇二〇年盛夏曾經前往湖區下端屬於倫巴第大區的瑪

↑檸檬小鎮

律切西內、西爾苗內等幾個湖畔小鎮旅遊，這趟遊的是湖的上端，屬於特倫蒂諾—上阿迪傑大區的湖畔小鎮及附近的古城鎮。爲了體驗加爾達湖另一邊的迷人風光，聽從老朋友兼旅遊顧問臺灣亨強旅行社的陳總建議，住宿於檸檬小鎮（Limone sul Garda）一間疫後才復業的 EALA-My Lakeside Dream Hotel，其名字很文雅，其實就是一家渡假酒店。

我們在夕陽西下時到達 EALA 湖畔酒店，它位置極佳，正正就在檸檬小鎮的山崖上，面朝加爾達湖，四面群山圍繞。房間附設的偌大陽台像個觀景台，可以三面環顧。我期待太陽落下湖水之際，用鏡頭捕捉美妙的一瞬間，只是天公不造美，湖區在秋季時經常有濃霧相伴，整個湖面彷若披上一層厚厚的灰色幔帳，雖然未能遠觀太陽西下，倒也欣賞了另一番秋雨濛濛的怡人景色。

我企望明天豔陽高掛，彌補未能見到的秋景。不料隔日早上濃霧徘徊不散，比起昨夜更濃厚許多，唯有把賞湖一事暫且放下。我與旅伴 Kelvin 沿著湖邊的公路，向東北方向出發。途中只見茫茫一片，加爾達湖就像覆上一層神祕輕紗的美人，偶爾雲霧散去，美人顯露真容，美景令人怦然心動。

經過特倫托附近一個精緻小巧的天然湖 Lago di Toblino 時，我們索性下車，徒步於湖邊的木棧道上。置身於濃霧中，對岸的群山和茂密林木若隱若現，有種與世隔絕、超凡脫俗的感覺，拍起來的照片更產生特別的迷離美感。

此時濃霧突然打開了一角，現出一座建在湖中央的小城堡 Castel Toblino，中世紀風格的城堡爲湖景增添了浪漫的氛圍。如鏡般的湖面映出城堡倒影，從模糊一片逐漸變得清晰，時間彷彿停止流動，凝結在這美麗的一刻。

↑ Toblino 小城堡

我們一邊深深呼吸著無比清新的空氣，一邊閱讀木棧道上幾塊豎立的標誌牌，上頭的文辭充滿詩意，例如其中有一段文字的大意是描寫天鵝的美態。我們在木棧道上徘徊多次，等待太陽驅散濃霧，結果守候多時，依舊未能如願，只好與湖區依依惜別，繼續下面的行程，路上見到農民正用機械採摘成熟的橄欖，我也趨前湊熱鬧，客串採摘橄欖的臨時工人。

↑瓦隆瀑布洞穴公園

隨著天色漸漸明亮，大家的心情也愈加雀躍。二〇二〇年曾經到訪的里瓦德爾加爾達附近，有座瓦隆瀑布洞穴公園（Parco Grotta Cascata Varone），是一個自然形成的洞穴瀑布，水聲響徹山洞，氣勢不俗。我和Kelvin不顧飛散的水霧沾濕身上衣服，跟著大隊走到瀑布盡頭，抬頭只見流水自高高的洞口一瀉而下，低頭是洶湧澎湃的激流，加上彩燈照射，別有一番風情。老實說，這般規模相比我早前到過的貴州黃果樹瀑布，根本是天壤之別，不過在這裡也不失是難得的一次奇遇了。

觀賞激流瀑布後，園內還有一大片花圃園景區，栽種了不少奇花異草，亦是遊園旅客的熱門打卡地。我們在此用過簡單午餐，隨即動身，因爲接續的行程相當緊湊。前往下一個目的地途中，公路兩旁映入眼簾的滿是葡萄園，因葡萄早已成熟，被農民採摘完畢，所以未能見到碩果累累的葡萄。聽當地莊園主人講，今年是一個豐收年，葡萄早移送到酒廠裡，準備釀製紅酒了。

茜茜公主的度假勝地：阿科

阿科小鎮（Arco），或叫做阿爾科，建在岩石山周圍，屬於特倫蒂諾—上阿迪傑大區，小巧別緻，說到面積，只有金門島的一半大，約六十三平方公里，居民約一萬六千多人。它並非熱門的旅遊地，當我們駛入小鎮時，環境格外寧靜，可以感受到當地生活的安逸閒適。

小鎮以平房爲主，教堂與建築帶有奧地利色彩，與它曾經是奧匈帝國領土有莫大關係。十九世紀奧地利皇后伊莉莎白（Elisabeth）被世人譽爲「歐洲最美麗的皇后」，大家習慣稱她「茜茜公主（Sissi）」。她生前非常喜歡到義大利多處地方度假和養病，包括卡普里島（Isola di Capri）、摩德納（Modena）和阿雷佐（Arezzo）等地，這座阿科小鎮也是其中之一。可想而之，這裡必定有令她喜愛之處。

我們並未在鎮上多加逗留，將遊覽重點擺在岩石山上的古城堡遺址（Castello di Arco），當我們一進入小鎮，位於高處的古堡塔樓已經躍入眼簾。爲了節省時間和體力，旅伴 Kelvin 將車開到岩石山的山腰處，接下來只能靠徒步登山。但由於無法找到較合適的停車位置，愼重起見，Kelvin 決定留守車上，讓我一人獨闖岩石山。我沿著斜坡的小徑一步步登山，最初林蔭處處，不會感到辛苦，怎料越往高處，坡路越見陡峭，而且午後陽光猛烈，我走

↑殘存的牆體與山下的阿科

到半路的觀景台時，已經大汗淋漓了。

當我進入城堡園區範圍，發現竟還有一段更陡峭的山坡路，而且還是不好走的碎石路段。最令我擔心的是，與我同時進入園區的是一對耄耋夫婦，倘若我們三位長者在中途走不動或出現中暑症狀，可就大事不妙了。然而我們彼此都有一股不服輸的犟勁，於是互相點點頭，結伴同行，一步一腳印，小心翼翼地向遺址進發。

↑從山上俯瞰阿科

經過一番折騰，我們終於抵達城堡遺址。放眼望去，城堡多半已毀壞不堪，殘留下來的部分不多，但整體環境打理得很乾淨。到了更高處，還可以觀賞關於城堡的視頻介紹，以及一些殘壁上的精美壁畫，其他則乏善足陳，讓人有點失望。可是當我們定下神來，發現這裡的景觀絕佳，從四方八面可以望見下方的平原、湖泊、河流、挺拔的岩石山，以及順著山勢一層層綠油油的葡萄園梯田，當然還有阿科小鎮的全貌。我們沉浸在壯觀的景色下，頓時覺得不虛此行，觀感完全不同了。

關於這座古城堡，十七世紀時，阿科當地一位名叫 Ambrogio Franco 的人在遺址發現了兩塊刻有拉丁文的大理石碑，石碑銘文中提到「法比亞」（Fabia）這個名字。據歷史記載，「法比亞」是當時布雷西亞市（Brescia）的統治者，包括阿科的上加爾達湖這片區域都位於其管轄範圍內，因此證明這座岩石山上的中世紀防禦性城堡建造之前，當地在羅馬時代可能已經是人們的聚居點了。

我攀上城堡的最高點，爭取更佳的拍攝角度，之後沿著另一邊的山徑下山，沿途繼續欣賞秀麗的景色。經過約兩個小時的攀登，我終於安然返回會合點，與 Kelvin 碰頭。

袖珍小鎮：納戈—托爾博萊

離開阿科後，我們繼續前行，沿著湖區經過一大片翠綠的葡萄園和橄欖園，約五十公里的車程，納戈—托爾博萊小鎮（Nago-Torbole）的路標出現在眼前。

1 小巷色彩繽紛的房子末端可以看見教堂的塔樓

2 以廊橋連接兩座房屋

小鎮是由納戈（Nago）和托爾博萊（Torbole）兩個毗鄰的村莊合併爲一，托爾博萊位於加爾達湖北岸，而納戈則在托爾博萊的北面。小鎮雖然由兩個村莊組成，不過面積加起來只有二十八平方公里，居住人口不到三千人，比阿科更加迷你。不過這裡的位置和氣候很適合人類聚居，據考證，人類在這個區域生活，可追溯至鐵器時代，歷史相當久遠。

納戈的「村口」看起來平平無奇，我們將車駛入，就來到納戈的主要「大道」，而這不過是一條約兩米寬的窄巷，從村口一直貫穿到中心區。這條路全長約一千兩百米，還有更窄的分支巷道。總的來看，納戈的規模太袖珍了。話雖如此，在主要街道的中央卻有一所聖維吉里奧教區教堂（Chiesa Parrocchiale di San Vigilio），不容小覷。它是特倫蒂諾最古老的教堂之一，雖然直到一二〇三年才有文件記錄它的存在，但教堂歷史可追溯至四世紀末。教堂是獻給特倫托的聖維吉里奧（San Vigilio di Trento），他曾經被天主教的主教聖師聖安博（Saint Ambrose）任命爲特倫托教區的主教。教堂根據古老基督教的傳統來定方向，東邊是後殿，西邊則是入口，目前裡面保存著巴洛克式的祭壇，周圍則被墓地環繞。穿過墓地區，前面就是當地舉行集會的廣場

（piazzetta del Torchio）。村內還有個聖三一教堂（Church of the Holy Trinity）舊址，文藝復興建築的原教堂已不復存在，現在的建築是一戰時被摧毀後重建的。

窄窄的街巷內隱藏了色彩鮮豔的三、四層樓高平房，伸延出來的陽台放置鮮花盆栽，又有優雅的門戶和百葉木窗，每個小角落都布置得精緻有品味。這些樓房一般都是深而窄，以一條廊橋連接兩座房屋，我估計是家族多添了後代而擴建出去了。這天一路上都沒有見到其他觀光客，我們又處在「包場」的狀態。

我們行走在一塵不染的老石板街道，偶爾聽到犬吠聲，坐在門前婦女們的笑語聲，間或夾雜教堂定點響起的鐘鳴，靜謐卻又活力滿溢。民居門前裝飾描繪了一些趣怪的文字或圖案，例如「All Guests Must Be Approved by The Cats!」（註：所有賓客都必須獲得貓咪們的認可！）等謔而不虐的文字，幽默感十足。

走出了中心區，一條小徑直通湖區。一旁的岩石山上有座納戈古堡遺址（Forte di Nago），可惜登古堡的山徑沒有修整好，讓人舉步維艱，我們被

↑葡萄園

迫放棄。山下是一大片葡萄園，葡萄早已採摘完畢，早前翠色欲流的葉子如今換上青黃色的新裝，更添加不少色彩，田園景色十分壯觀。

湖畔的托爾博萊景色和環境與納戈迥然兩樣，是一個享有加爾達湖壯麗景色的漁村。今天的湖區更成爲風帆和衝浪愛好者的天堂，此時雖已屆黃昏，夕陽西下，湖面上仍然有不少風帆乘風破浪，還有一家老少仍躺臥在沙灘上依戀著陽光，熱鬧的程度遠勝納戈。我沿著步行徑漫步湖畔，這兒有山有水，景色如畫。沿著

↑加爾達湖邊

弧形灣岸有條大道，是酒店、民宿和餐廳的集中地，看來也算加爾達湖區的一處旅遊勝地。

這般風景宜人的湖區小鎮過去也曾被捲入戰爭中，十五世紀時威尼斯共和國欲擴大勢力，爭奪加爾達湖的統治地位，向米蘭公國發起第三次倫巴第戰爭。從納戈通往托爾博萊的一側山崗上也設有防禦性質的佩內德城堡（Castel Penede），與納戈城堡成犄角之勢，兩者形成重要的戰略監視點。我擔心登上城堡的路徑與納戈城堡一樣並未修好，便放棄前往探索。

↑佩內德城堡遺蹟

托爾博萊的中心區就遠較納戈多元化，有各式各樣的水上運動商店、葡萄酒、橄欖油和各式香料的專賣店和藝術畫廊，當然也離不開廣場、教堂等建築。沿著山坡路登上山崗，可以俯瞰加爾達湖。一七八六到一七八八年之間，德國詩人歌德來到義大利旅行，並寫了《義大利之旅》（Italienische Reise），他也曾經來到托爾博萊吸取這兒的靈氣，找尋題材和靈感，並在書中描述見到的加爾達湖爲「大自然的壯麗奇觀」。廣場上就有一塊碑牌引述他在一七八六年九月來到托爾博萊所留下的文字。

↑歌德紀念碑

托爾博萊是個適合多種運動的地方，例如當地設計了山地自行車和登山的路線，可直達高兩千多米的巴爾多山，喜愛這類運動的朋友想必能在這兒找到樂趣。至於帆板（或稱滑浪風帆／風浪板）運動在八十年代興起後，整座湖區成了寵兒，托爾博萊也做爲訓練帆板運動的場地，帶旺了當地經濟，就如今日所見，有相當多的旅遊人士前來。此外，當地不僅有寬闊美麗的海灘，還設有行人與自行車道，可以騎乘自行車自托爾博萊跨越薩爾卡河（Sarca river），沿著湖岸通往里瓦德爾加爾達。

講到當地的美食也不少，傳統美食以特倫蒂諾食物爲基礎，肉類和魚鮮的選擇甚多，肉類有牛肉、羊肉和其他野味等，魚鮮就更多，像是鱒魚、白魚、鯉魚等，再搭配當地的橄欖油、乳酪和葡萄酒就更加美味。若有機會，不妨嘗嘗這裡的幾種菜餚，例如沙丁魚義大利麵（bigoi co le àole）、沙丁魚配洋蔥（zisam），還有杏仁酥皮糕點（Torta de fregoloti）等等。

美景，加上美食，湖區小鎮讓人樂而忘返。

和平之城：羅韋雷托

特倫蒂諾—上阿迪傑大區的羅韋雷托（Rovereto）周圍遍植橡樹，有「橡樹之城」的稱號，但現在更多人稱它爲「和平之城」，這座小鎮在兩次世界大戰期間，遭到奧匈帝國的占領，後又成爲盟軍的轟炸目標，以致小鎮受到一而再的摧毀。一戰結束後，爲了紀念在戰爭中陣亡的人民，並喚起全世界人們的和平和情誼，當地有位神父唐‧安東尼奧‧羅薩羅（Don Antonio Rossaro）發想，要鑄造一座大鐘。一九二四年，由一戰的參戰國所捐出的大砲熔爲青銅材料，大鐘開始進行製作，並於一九二五年完成且安置於羅韋雷托，命名爲Maria Dolens，意思爲「哀慟的聖母」，但人們多稱之爲「和平之鐘」（Campana della Pace），也有人叫它做「殞逝者之鐘」（Bell of The Fallen）。經過幾次修復與重鑄，現在的大鐘高三點三六米，直徑三點二一米，重達二十二噸多，立於俯瞰著羅韋雷托的米拉瓦勒山丘（Miravalle Hill）上。自大鐘豎立之後，每晚就會發出百次鳴響，向戰爭的捐軀者致敬。

遊小鎮的半年之前，二〇二二年二月二十四日俄烏戰爭爆發，如今親眼看到這座「和平之鐘」，感到特別具有意義。衷心期盼交戰雙方能以史爲鑒，放下爭端，締造和平。正如大鐘上刻了教皇庇護十二世的那句話：「和平不會造成任何損害；戰爭卻使人失去一切。」（Nulla è perduto con la Pace. Tutto può essere perduto con la guerra.）

小鎮總面積雖然小於阿科，人口卻是其一倍之多，經濟發展比阿科要好得多。回顧小鎮的發展過程，一四一六到一五〇九年間是這兒經濟發展的黃金時期，引入絲綢的加工技術，同時當地政府大膽地改革了封建的行政結構，特別是在財政政策上，取消了消費稅，降低消費者的成本，使食品和基本必需品更便宜，改善市民生活，鼓勵商人向公共機構貸款，用來購買土地，使商人再投資在絲綢行業上。十六世紀後，更爲了提高生產力，改進了生產絲綢的紡織工具，安裝了第一台以人手操作的紡車，當地人民逐漸變得富有。到了十八世紀，羅韋雷托的絲綢貿易更加蓬勃發展，發展成爲一處絲綢生產中心，市民也紛紛蓋起自己的豪華大宅。當我們走進鎮內，確實見到不少豪宅保留了下來。然而一戰中止了黃金時代，小鎮一度陷入困境。

↑和平之鐘

↑聖馬可教堂

小鎮分爲上城區和下城區，上城爲老區。登上二十多級的石階梯後，就是彎彎曲曲的狹窄街巷，樓房和街道與先前去過的幾個湖區小鎮並無太大的分別。我拐過一個街角，前面有一座巴洛克式的聖馬可教堂（Church of San Marco）屹立在廣場中央。教堂的立面刷上橘紅色，鮮豔醒目，上端是雙翼獅子的圖騰，說明這裡一度是威尼斯共和國的管治區。教堂規模不大，但內部裝飾富麗堂皇，天花板和牆壁都繪有壁畫。我看到有關教堂的資料，裡面保留一台管風琴，

个十五世紀的禁衛宮，外牆滿是壁畫

是一七六九年著名的作曲家、鋼琴家莫札特十三歲於這個國家舉辦首場公開音樂會時所使用的樂器，聽說該管風琴目前仍然可以彈奏，且音色依然完美。

聖馬可教堂在老城區的中心，大大小小街道都由此向外輻射伸展出去。我順著古老的石板路在中心區蹓躂了好一會，途經一家舊書店，門前陳列了一本日文的古書，很有代表性，我於是推門而進，向老闆詢問書價，卻因彼此語言不通，儘管我使出渾身解數，依然無法與其溝通，只好打退堂鼓，無功而退。

老城區在一戰時曾遭到破壞，好幾處的角落如今都豎起炮彈形狀的紀念碑，希望人們毋忘戰爭的殘酷與慘烈。

從老城區一直往前，就來到山崗上一座建在十五世紀時的城堡——羅韋雷托城堡，它雄踞整個山頭，是過去禦敵的城堡，目前已改變功能，成為義大利最大、最重要的戰爭博物館（Museo Storico della Guerra）。由於我是某個電視台的特邀記者，因此憑藉記者證得以享受免費入館的待遇。城堡內的藏品十分豐富，有的展示間以一戰為主題，展出武器、服裝、文件、圖片及用品；有的展示了十九到二十世紀士兵裝備和戰鬥方法的演變；還有展覽說明幾個世紀以來，堡壘的建築和外觀是如何演變；塔樓內更展出史前到中世紀的鐵匠工具、原始狩獵武器等等；館內還有義大利、奧匈帝國、德、英、法等國的大砲、砲彈及彈藥材料，甚至連一戰時期使用的毒氣彈，都一併展出，令人目不暇給，但也讓觀眾忍不住產生了對戰爭的厭惡感，或許這便是戰爭博物館存在的目的之一。後來我走到城堡下方的大門口，這裡還放置了一架榴彈砲，想起今日俄烏戰爭重演歷史，令人不禁再三喟嘆。

1 城堡下方大門口放置一架榴彈砲

2 Ponte Forbato 石拱橋

↑新城的街道較爲筆直寬敞

步出陰森恐怖的博物館，越過一座架在萊諾河（Leno River）上最古老的石拱橋 Ponte Forbato，河邊的建築又別具一格，外牆架設類似凸肚窗的木製陽台，不過規模大得多，很有特色，有點阿拉伯的建築風格。走過對岸，從這個位置可以仰視山上宏偉的羅韋雷托城堡。橋的不遠處，則有個水流略顯湍急的弧形瀑布。

我從老城區散步到下方的新城，新城的街道較爲筆直寬敞。這天不巧碰上疫後首次舉辦的小鎮馬拉松競賽，多條主要大道封閉，以保障跑者的安全，卻因此延誤了我們的行程，唯有繞道才終於順利抵達享譽國際的 MART（Museum of Modern and Contemporary Art，當代藝術博物館）。MART 外頭的廣場設計相當現代化，玻璃穹頂有點類似羅馬萬神殿的設計。入到館內，更令人大開眼界，它號稱歐洲最重要的博物館之一，收藏逾一萬五千件繪畫和雕塑等作品。由於已近閉館時間，我未能細細欣賞各個藏品。

博物館所在區域內有幾座大型建築連成一片，多是文藝復興、巴洛克式的大豪宅或宮殿，今天多已改爲機關大樓、酒店或博物館，例如費德里戈蒂宮（Palazzo Fedrigotti）、阿爾貝蒂波亞宮（Palazzo Alberti Poja）、安諾納宮（Palazzo dell'Annona，如今的市圖書館）、德佩羅未來主義藝術之家（Museo Depero）和贊多內劇院（Teatro Zandonai）等等。

我也對德佩羅未來主義藝術之家相當感興趣，可惜時間上不允許，只能事後查詢資料加以了解。這是一間由福爾圖納托・德佩羅（Fortunato Depero）在一九五九年創立的博物館，如今隸屬於MART。德佩羅是一位成長於羅韋雷托的未來主義畫家、作家、雕塑家和平面設計師，他的創作量非常驚人。這間博物館收藏了三千多件他的作品，並不時舉辦其他未來主義藝術家的作品展覽。

最後，爲了聽聽一百響的「和平之聲」，我們趕在六點前登上山崗。可是當我們來到園區時，還差兩分鐘就到閉館時間，管理員已把大門鎖上，我心想這回大概錯失機會了。不料當旅伴Kelvin向這位女管理員道明我們來自萬里之外的香港，殷切地請求她網開一面，讓我們看大鐘一眼，她竟然被我們所打動，重新開門讓我們入內，又一次成爲「包場」的旅客。園區內懸掛著各國的國旗，大鐘一側設有看台，用來提供預約的旅客觀看鳴鐘儀式。然而，「和平鐘聲」卻因疫情之故，並沒有準時響起。此時四周寂靜無聲，我們走到大鐘下，俯瞰山谷下面的小鎮全貌。據說每年的聖誕節平安夜，當地市民都會聚集在大鐘前面的廣場，燃點燭光，祈求再無戰爭，世界和平。

返回 EALA 酒店時，天色尚未完全暗下，我立刻換上泳衣，藉背山面湖的泳池舒緩一天的疲累。第二天當我們離開之際，天色變得特別清晰，晨光把湖水和山崖下面的檸檬小鎮照得一片金黃，彷彿爲了彌補未能觀賞到日出加爾達湖的我們。美景當前，可惜我們已經準備踏上歸途，返回米蘭，只好留戀不捨地跟加爾達湖道聲 Goodbye，也告別這些清幽脫俗的湖區小鎮。

馬焦雷湖的三顆明珠：母親島、貝拉島、漁夫島

馬焦雷湖（Lago Maggiore，又叫 Verbano）位於義大利倫巴第和皮埃蒙特（Piemonte）兩個大區之間，也是義大利和瑞士的界湖。我早前曾經遊過瑞士那邊的湖畔小鎮洛迦諾（Locarno）和阿斯科納（Ascona），這些都收錄在早前出版的《旅遊記疫：老玩童深度遊瑞士》一書裡頭。

我這回前往距離米蘭約一個多小時車程的斯特雷薩（Stresa），同樣位於馬焦雷湖畔，然而眞正的目的地，卻是湖中的三座小島：母親島（Isola Madre）、貝拉島（Isola Bella）和漁夫島（Isola dei Pescatori，或稱優越島 Isola Superiore）。

導遊告訴我，遊湖也不是非得到斯特雷薩不可，沿湖邊還有不少小鎮，不過斯特雷薩算是距離三島最近的了。此處是只有約五千人口的小地方，仰賴渡輪和快艇這兩種交通工具遊湖中群島，造就小鎮的旅遊事業。然而這天我們來

↑從湖上望向斯特雷薩

得太早，停泊碼頭的專用渡輪和私人的電動快艇仍未開始營業，我乘機在這個寧靜的小鎮蹓躂。臨湖的樓房幾乎都是不同等級的酒店、旅舍和民宿，而圍繞兩個較大廣場的，全是民居和售賣紀念品的商店，當然還有 Gelato 冰淇淋店和義式餐廳。因爲小鎮的規模實在太小，兩個較大的廣場就已組成了小鎮的中心區域。廣場周邊的咖啡廳前設有露天座位，早已坐滿了啖著拿鐵（Latte）和力士烈特（Ristretto，更高濃度的濃縮咖啡）的居民，旁若無人地享受他們的生活。受到這種生活情調所感染，我索性找個位置坐下來，讓自己融入這般美好的慢節奏之中。

↑斯特雷薩一隅

當聽到碼頭傳來了私人快艇鳴起的汽笛聲，我生怕當天遊湖旅客衆多，爲免錯過首班船，急步朝碼頭走過去。不料到了碼頭，我與導遊兩人四目對望，都大感錯愕，現場冷清寂寥，平日例行穿梭的渡輪依然停航，旅客只有我們兩人，看來只能自個兒「包船」獨遊了。

在面積約兩百多平方公里，長六十六公里，深達一百七十多米的馬焦雷湖中，三個小島呈「品」字型排列，如「漂浮」其上的三顆明珠。馬焦雷湖的面積僅次於加爾達湖，是義大利第二大湖，相較於我日前到過最著名的科莫湖，這裡顯得更爲安靜。

我坐在快艇上，回首望向岸邊那些背山依湖的樓房，回憶在瑞士遊湖的經歷，感覺這些建築比瑞士那邊更有韻味，典雅之餘，還多了點義式的華麗風格。

碼頭距離最遠的母親島不過四百多米，湖中三島以母親島最大，貝拉島次之，最小的就是漁夫島，過去它們都同屬一個主人——博羅梅奧家族（Borromeo），因此統稱爲博羅梅奧群島（Borromean Islands）。不過今日只有前兩個島仍爲該家族所有。

這天天氣晴朗，快艇行駛於四面環山、碧波蕩漾的湖上，直奔母親島而去。距這個最大島僅咫尺之遙時，船家才發覺因爲疫情因素，母親島仍未開放。這消息當然令我非常失望，馬上請導遊與船家商量，可否酌情泊岸，讓我「偷雞」摸上去，靜悄悄地遊一遍，可惜只得到「No」這個無情的回覆。我失落之餘，也不免對導遊表示不滿，爲何未事前了解島上情況，白白浪費了這趟行程。船家爲了減少我的牢騷，只好盡量把快艇駛近岸邊，企圖滿足我一睹母親島風采的願望。

↑母親島

從艇上觀望，只見島上有一座宏大的建築物，導遊解釋島上並非只有一座建築，而是由多棟樓房組成建築群。由於灣區一帶的氣候非常適合栽種植物，島主人博羅梅奧家族乾脆栽滿植物，茂密的植物幾乎遮掩住島上的建築群。這些植物的種類繁多，使得整座島如同一座豐富的植物園，有些是世界各地的珍稀植物，另外還有茶花、玉蘭、杜鵑、紫藤等等，使得一年四季都有不同品種的花朵盛開，尤其是春夏兩季，島上繁花似錦，姹紫嫣紅，令人著迷。旅客登上島後，沿著鵝卵石的小徑，前往參觀島主人的豪華別墅和他的小教堂，聽說室內都是奢華的布置，可以感受到貴族的品味。

我這回雖然未能登島觀光，但從導遊的口述中，也能想見島上會是多麼夢幻迷人，然而要想親身體驗這個「花花世界」，也只能留待下次再來了。

我懷抱著一點遺憾，接著趕往漁夫島。從母親島到漁夫島，不消十分鐘就能抵達。幸運的是，這個島上完全開放，所以快艇甫靠岸，我一個箭步就登了上去。

小島的面積是三座島中最小的，跟它的名字一樣，依舊保有純樸的漁村風貌，住著打魚人家，島民日常用的釣竿、漁網等漁具統統曬晾在屋外，是這三島中唯一有島民居住，充滿人間煙火味的。

該島的亮點是一座聖維克多教堂（Chiesa di San Vittore），裡面還保留著十一世紀建成的尖拱塔，以及創作於十六世紀的壁畫，但也僅此而已，看點並不多。爲了彌補未能一登母親島之憾，我沿著漁夫島內縱橫交錯的小巷，從頭至尾走了一遍，然而這也僅花上半個小時而已。島上居民爲了迎接旅客，開設了數間餐廳，提供餐飲服務，也有少數民居改成小型民宿，方便旅客留宿。

↑聖維克多教堂

我環顧島的四面，清風徐來，水波不興，風景如畫，心中不滿的情緒才稍稍平復。

1 漁夫島一隅

2 從湖上看漁夫島

最後一座湖心島是貝拉島，又有「美麗島」之稱。島主人博羅梅奧公爵爲他的夫人在這兒建了一座宮殿，島的名字也來源於夫人的名字伊莎貝拉·達達（Isabella D'adda）。整座島基本上就是博羅梅奧家族的行宮——博羅梅奧宮（Palazzo Borromeo），建於十七世紀，是典型的巴洛克風格建築，除了宮殿之外，連同後方如梯田般的花園等，占據了小島的大半面積。若從空中俯瞰小島，猶如一艘巨輪，如今正值俄烏交戰之際，這座島又不免讓我聯想到航空母艦。

宮殿建成後，很多名人來這裡造訪，包括拿破崙和約瑟芬、查理斯王子和戴安娜王妃等都先後來過，讚聲不絕；英國的卡洛琳·布倫威克公主（英王喬治四世的妻子）甚至有購入行宮的意圖，卻多次被博羅梅奧家族所拒絕，由此更可看出家族對這小島的重視和愛護。

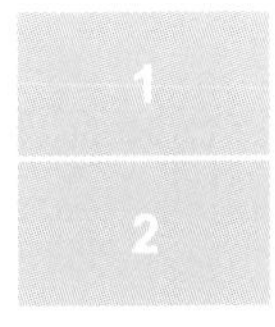

1 博羅梅奧宮

2 貝拉島後方層層梯田式的花圃與雕像

↑貝拉島一隅

　　我試圖環島繞一圈，由於目前這座二十多個房間的行宮正開始整修，所以島上所有的景點全都關閉，不僅是宮中放置十七世紀傢俬、壁畫、雕塑的氣派大廳，抑或島盡頭被譽爲仙境般的花園全都謝絕訪客，我只能從後門窺視花園的一隅，只見一片花團錦簇，還有層層梯田式的花圃。稍後當我乘艇離開時，船家特意爲我繞島一周，讓我從湖上欣賞這座「航空母艦」。

　　講到這兒，不免要介紹一下博羅梅奧家族。這是義大利北方歷史上最具影響力的家族之一，他們從十四世紀開始在米蘭經營銀行業，曾經參加過米蘭與佛羅倫斯兩城的對抗紛爭，堅決捍衛米蘭利益，並協助斯福爾扎上任米蘭公爵，後來被封爲貴族。在家族全盛時期，馬焦雷湖及周邊成了博羅梅奥的家族封地，包括湖中的島嶼也順理成章成爲家族的私產。當時博羅梅奥家族甚至擁有司法管轄權、軍隊及城堡，幾乎可視作一個獨立的國家。

這個家族跟美第奇家族（Medici，或譯爲麥地奇家族）同屬義大利的名門望族，時至今日美第奇家族只剩分支尚存，主支已然絕嗣，博羅梅奥家族的財富和聲望在歐洲乃至世界上仍舊響噹噹，有著經久不衰的影響力。其中家族成員貝亞特麗切・博羅梅奥（Beatrice Borromeo）更成爲摩納哥公國（Monaco）卡洛琳長公主的兒媳，被封爲歐洲最時尚的王妃。

對馬焦雷湖的景色，法國作家司湯達在《義大利繪畫史》（History of Painting in Italy）書中就有這樣一段描寫：「在湖畔度過的這些日子是其他任何享受都無法比擬的……鬱鬱蔥蔥的板栗林中，枝葉彷彿在水中浸泡過一樣……」自十八世紀以來，馬焦雷湖便受到歐洲上流社會、貴族及藝術家的青睞，他們經常來到湖區，尋求美好寧靜的環境。就連法國思想家孟德斯鳩（Montesquieu）也評價湖區是「全球最美的地方」。

重獲新生的小鎮：奧爾塔聖朱利奧

奧爾塔聖朱利奧古鎮（Orta San Giulio）就在奧爾塔湖（Lago d'Orta）畔，位於阿爾卑斯山麓的丘陵之間，馬焦雷湖前面，論名氣當然比不上我剛遊過的馬焦雷湖，更不及著名的科莫湖，訪遊它其實只是順道，算是途中的休息站。導遊卻向我賣了個關子，她說這個古樸小鎮是觀賞奧爾塔湖湖景的最佳地點，且不同於別處的湖畔小鎮，待遊過之後，就會有另一番的感受。

說起這奧爾塔湖，在義大利本地算是較少旅遊人士涉足的湖泊，因而湖區顯得更爲清幽寧靜，恰似世外桃源。

我們行走於公路上，從高處俯瞰湖區，只見湖面寬闊，波光粼粼，對岸群山林木茂密，湖畔小屋色彩繽紛，平靜的湖面倒映著岸上風光，湖光山色，煞是好看。我們順著種滿了櫸木和櫟木的山坡路往下，將車泊好在小鎮外的停車場。想要遊覽這個古鎮，只能用徒步的方式，走下數十級階梯，就進入古鎮的範圍了。

走下階梯後，面前是一條鋪著鵝卵石的狹窄小街巷，而這就是整個小鎮的主要街道。我跟著導遊穿過縱橫交錯的巷道，經過一棟棟帶有陽台的房屋，鍛鐵欄杆的花樣精緻好看。途中她向我講述了曾經發生於奧爾塔湖的「恐怖」經歷：今日我們眼前如此湛藍清澈的湖水其實得之不易，這片美麗湖區一度是當時世界上汙染最嚴重的水質之一。過去紡織工業不斷向湖中傾注生產人造絲造成的銅和硫酸銨廢料，嚴重汙染了湖水，令水質酸化。直到八〇年代，政府才展開種種補救水質的措施，經過長時間的研究規劃、整治，並禁止工業排汙，幾經周折，才使奧爾塔湖重新成爲水鳥和魚類的天堂，並讓湖畔小鎮重獲新生。導遊的這段講述，讓我了解湖泊和古鎮能有今日這樣的保存狀態，相當不容易，曾經付出了不少代價。

當我走到街道的盡頭，在開闊的湖邊，有個莫達廣場（Piazza Motta）。廣場邊一排面湖的典雅樓房，五顏六色，十分美觀。一側則有座兩層樓帶拱廊的精巧房子，它建於一五八二年，歷史悠久。這座樓房很有特色，樓下的拱廊有多根柱子，連接兩層樓的是外露的鍛鐵樓梯，上層原是市政府的辦公地方，

个莫達廣場，前方建築爲舊市政大樓

下層拱廊的部分每周三成爲小鎮熱鬧的開放式集市，屋頂上還有一座迷你鐘塔。儘管外牆許多地方已斑駁褪色，仍然依稀可見小鎮的圖騰和壁畫。導遊說這棟樓現在已成該鎮的象徵了。

在這座舊市政大樓周圍都是爲旅客而設的餐館、咖啡廳，以及小巧的商店。廣場另一邊是一座破舊的老酒店，正在修復中。整體來說，小鎮基本上維持了古樸雅致的面貌，市民生活從容不迫、悠閒自在，彷彿活在桃源世界。

湖中央有個小島，與稍早遊覽馬焦雷湖時的情景有幾分相似。

↑莫達廣場，周邊多是餐館、商店

這島卻頗有名氣，叫聖朱利奧島（Isola San Giulio）。廣場距離小島不過兩百多米左右，從這兒就可看清島上的建築群。導遊說明那是一座女性修道院，如果不是疫情緣故，可在廣場上的碼頭乘小船到達，修道院還爲旅客提供住宿。傳說一位叫朱利安（Julius）的傳教士與他的兄弟建了九十九座教堂，後來他來到小島，清除了島上的毒蛇，並建起第一百座教堂，教堂如今是修道院的一部分。朱利安後來被奉爲聖人，遺體也保存在教堂的地下室。聽說義大利建築工人奉他爲「保護神」，可惜疫情期間謝絕訪遊。

1 聖羅克教堂

2 畫家雕像與湖上的聖朱利奧島

我們坐在湖畔餐廳，悠閒地享用下午茶。陽光灑落在湖面上，如一粒粒的碎金，把湖面照耀得無比瑰麗。

導遊說如果我們時間充裕，奧爾塔湖旁的小山丘——奧爾塔聖山（Sacro Monte di Orta）不失爲下一個景點。站在山上，不僅能看遍整個奧爾塔湖區景致，還能見到衆多巴洛克風格教堂和裡面的壁畫。山上大大小小、林林總總共建有二十座供奉聖方濟各的教堂，先後建於一五九一年至一七七〇年間，如今「聖山」已被收錄至世界文化遺產名錄中。

我在二〇二〇年六月至二〇二二年六月疫情期間，先後暢遊過義大利十大湖泊的其中五個：始自科莫湖、加爾達湖、馬焦雷湖、盧加諾湖（義大利與瑞士界湖，相關遊記收錄在《旅遊記疫：老玩童深度遊瑞士》中），到今天最小的奧爾塔湖結束，更別提瑞士和奧地利的多個湖泊，未曾料到短短兩年多時間內遊這麼多的湖，縱然處處風景秀麗，也不禁對湖泊產生一種「疲累感」，忽然想起了旅行家徐霞客的一句話：「五嶽歸來不看山」。或許我該考慮改變行程，下回改走沙漠曠野和無垠的大草原吧！

廊橋遺夢：帕維亞

義大利的古城多，歷史名城也多，但一般遊客受限於時間等因素，往往只關注威尼斯、羅馬、佛羅倫斯這些名氣較響亮的都市。並不是說這些地方不好，在一定程度上它們都是義大利的代表，只是還有一些小城小鎮更能體現義大利的文化精髓。

距離米蘭三十多公里，乘火車約只有半個小時車程，接近提契諾河（Ticino）與波河（Po River）的交匯處，有一個人口僅八萬的小城，這就是帕維亞（Pavia），在六至十世紀間曾是倫巴第王國和繼任的義大利王國首都。

一所大學就座落在市中心，它是著名的帕維亞大學（Università degli Studi di Pavia），爲該城市帶來濃厚的學術與文化氣息。最初在九世紀時，由國王洛泰爾一世（Lotharius）下旨創立帕維亞大學的前身，後更經米蘭公

爵吉安·加萊亞佐·維斯康蒂逐漸發展擴建成一所研究型大學，並於一三六一年由神聖羅馬帝國的查理四世正式創建。它是義大利最古老的大學之一，被認爲是「義大利的牛津大學」。

1 建於 18 世紀的維斯塔里諾宮如今屬於帕維亞大學

2 梅扎巴爾巴宮，現爲帕維亞市政廳

个卡爾特修道院是哥特和文藝復興風格結合的完美典範

大學門外有三幢方形的高聳塔樓，大學內到處都是樣式古樸的庭院迴廊，偶有學子走過。帕維亞大學培養的名人衆多，其中不乏諾貝爾獲獎者以及多位教皇，電池的發明者伏特（Volta）曾在這裡任教，教授的課極受學生歡迎，至今校園內仍有他的立像。

帕維亞的靈魂所在是帕維亞卡爾特修道院（Certosa di Pavia），享有很高的名聲，不少歐洲旅客就是衝著它前來帕維亞。修道院由當年執政米蘭的維斯康蒂家族所建造，不得不說義大利的名門望族實在太多了。

儘管旅客可以免費參觀，然而爲

↑聖瑪麗亞德爾卡爾米內教堂

了更妥善地保護文物，修道院內是不允許拍照的，專門的工作人員不停地四處巡視，囑咐旅客不要拍照。

當我進入小城時，從很遠處就能看到院內幾支高聳的尖塔。修道院建於十四世紀末到十五世紀末，是哥特風格和文藝復興風格兩者結合的完美典範。主建築正面外牆的材料全爲卡拉拉（Carrara）出產的白色大理石，相當名貴。卡拉拉是義大利中北部一個小鎮，被譽爲「世界大理石之都」。無論是建築的牆壁、牆角、門框及窗櫺等，處處都有優美精緻的雕刻，也難怪許多旅客要設法偷拍了。

至於始建於一四八八年的帕維亞主教座堂（Duomo di Pavia）反而顯得有些低調。它的所在位置原本是兩座羅馬式教堂的遺址，欠缺一般大教堂前面通常會有的大廣場，看來沒有那麼壯觀，甚至有些陳舊之感。話雖如此，我卻認爲這裡保留著最古老的歷史痕跡，是種最鮮活的歷史記憶。

帕維亞有座老廊橋（Ponte Coperto）是該城的標誌性建築之一，連接城市南北兩部分。我從橋的一端走向另一端，跨越提契諾河，沿岸邊慢慢蹓躂，欣賞兩岸七彩牆身的老房子。這天幾乎見不到來往的市民，只聽到橋下流水聲，聽不到人馬雜沓的聲響，非常寧靜，也讓我有充裕的時間，悠然自在地爲「1號月台」youtube 頻道拍攝「廊橋遺夢」的視頻。

維斯康蒂家族不僅爲帕維亞留下了修道院，還有一座家族城堡——維斯康蒂城堡（Castello Visconteo），始建於一三六〇年，是小城裡面最大的建築之一，如今已成爲市博物館和考古博物館，雖因疫情而暫時關閉，不過我還是建議大家來訪帕維亞時，若有餘裕，可以排進行程，入內參觀。

相對於其它歷史名城，帕維亞顯得太過安靜了些，旅客少，也沒有太多令人驚豔的景點，不過這也正是它的優點，適合慢下腳步，細細體驗，細細品味刻在城市每個角落的歷史印記。

1 布洛萊托宮過去曾經是帕維亞市政廳所在

2 帕維亞主教座堂

3 廊橋

雙城記：貝加莫

英國作家狄更斯在他講述的故事中將巴黎、倫敦兩個風格迴異的大城市連結起來，上演了一部《雙城記》，書中開卷語「那是最美好的時代，那是最糟糕的時代」（It was the best of times, it was the worst of times）已成爲文學史中的經典。不過在義大利米蘭的周邊就存在一座名副其實的「雙城記」——貝加莫（Bergamo）

貝加莫距離米蘭約有五十多公里，名字的意思是「山上的房屋」，有人稱它爲「半空中的城市」。在疫情席捲全球時，它曾是義大利倫巴第大區疫情最嚴重的「震央」城市。貝加莫在古羅馬時期便已成爲自治市，歷史上曾被不同國家所統治。至今日，整個城市分爲上、下兩部分，上層是上城區，位處丘陵高地，稱爲「舊城」；下層就是下城區，地處平原，稱爲「新城」，兩城通過纜車索道相連，不用出城卽可感受雙城生活。我此行並未乘纜車前往上城區，

↑威尼斯城牆

反而安步當車，順道欣賞山坡下面的風光。此時正值初秋時節，古城也向我展示了它獨特的魅力。

貝加莫的上城區充滿了濃濃的中世紀風情，安逸清靜，在過去是權貴和富人的集中地，整區被矮小厚實的城牆包圍，這段長達六公里的古城牆建於十六至十七世紀之間的威尼斯共和國時代，被稱爲「威尼斯城牆」，當時建造了一系列城牆等防禦工事，分布在義大利、克羅埃西亞和黑山（蒙特內哥羅）等國，並於二〇一七年列入世界文化遺產。其中位於義大利的除了貝加莫外，另外兩個防禦工事是佩斯基耶拉（Peschiera）堡壘和帕爾馬諾瓦（Palmanova）堡壘。雖然是軍事防禦工程，幸運的是在歷史上未曾遭受過戰火洗禮，包括在第二次世界大戰期間也沒有遭到武力攻擊，使貝加莫上城的中世紀風格得以接近完好無缺地保留了下來。導遊介紹這段城牆包括十四個堡壘、兩個平台、一百個炮台、兩個軍械庫、四座城門，更有水井、通道和隧道的地下建築物等，可以說貝加莫上城是一座眞正的城堡。我漫步於上城區，初秋的樹木紛紛換上不同顏色的衣裳，入眼皆是動人的風景。我與幾位旅客都不由得放慢了腳步，坐在圍牆邊的椅子上欣賞風景，多麼舒適愜意！

舊城中心的歷史性建築要麼是中世紀風格，要麼帶有文藝復興風格、羅馬風格或是巴洛克風格。城中街道巷陌交錯，但是完全不用擔心迷路，因爲幾乎每一條都通向上城的中心維希查廣場（Piazza Vecchia），也叫做老廣場，算是貝加莫最有品味的地方了，一定不能錯過。廣場中央是一座大理石建造的噴泉，八角形的主盆，圍繞幾個對稱裝飾的雕像，包括兩個口中噴水的獅身人面像和幾個獅子與蛇的雕像。

老廣場上有一座建於十一至十二世紀間的城市塔（Torre Civica），塔樓高聳，直上雲霄，仿如一座「摩天塔」，當地人稱「大鐘」。據導遊介紹，頂端裝有倫巴第大區最大的一座鐘，塔樓最初由當時本地實力強大的蘇阿爾迪（Suardi）家族建造，有條華麗帶有廊柱的階梯。在二十世紀下半葉，這座建築變成了旅遊景點，內部便加建登塔電梯，讓旅客得以節省腳力，盡覽全城景色。

1 城市塔

2 理性宮與維希查廣場上的噴泉

城市塔的旁邊有高低不一的建築，其中一座是理性宮（Palazzo della Ragione），也被稱爲「舊宮」，建於十二世紀，是義大利最古老的市政建築，外牆斑駁，展露歲月的痕跡。陽台上方刻有威尼斯飛獅的浮雕，在威尼斯共和國時期這裡是司法機構的所在地。有「舊宮」就有「新宮」（Palazzo Nuovo），新宮位於舊宮對面，人們常說「舊去新來」，在這裡顯得有失偏頗了，新舊並非對立，而是共存。據我觀察在新宮下面聚集的人要比舊宮多一些，也可能單純是咖啡更好喝一些吧！新宮始建於一六〇四年，直到一九五八年才全部完工，在一八七三年之前，新宮都是貝加莫市政廳所在，而一九二八年之後，這裡成爲義大利最著名的公共圖書館之一，叫做 Biblioteca Civica Angelo Mai。圖書館內收藏珍貴的羊皮紙卷、手抄本和樂譜，對此有興趣的朋友們記得來參觀一番。

從老廣場向前延伸，是商店、餐廳林立的小街巷，鋪設了舊時留下的石板，古韻風味猶存。我記得這裡有一種特色甜點 Polenta e Osèi，意思是「小鳥」，果然發現長長的人龍排隊購買，看來的確是當地一道有名的甜點。我走近一看，甜點小巧精緻，原來是玉米蛋糕上面放了一隻巧克力製作的小鳥。

↑聖雅各門

正如我在前面提到的，貝加莫的這段城牆有四座城門，也是通往上城區的出入口。其中最好看的要數聖雅各門（Porta San Giacomo），城門正上方是長著雙翼、威風凜凜的威尼斯飛獅浮雕。飛獅作爲威尼斯的象徵，在義大利算是曝光率比較高的圖騰了。導遊說，這道城門立面的石材來自Zandobbio採石場，一塊玫瑰色和白色相間的大理石點綴其中，或許這就是「最美城門」稱號的來源。

幾乎每座義大利城市都少不了教堂，貝加莫聖母聖殿（Basilica di Santa Maria Maggiore）始建於十二世紀，因爲資金問題，延誤到十四世紀才完工，幸好沒有釀成爛尾樓。它的外牆是倫巴第羅馬式，內部裝飾卻是金碧輝煌的巴洛克風格。我在義大利及歐洲各地已經欣賞過太多或精巧、或宏偉的教堂，此時很難再產生驚豔之感，不過科萊奧尼禮拜堂（Cappella Colleoni）還是吸引了我的注意力，禮拜堂正面滿是繁複的雕刻與裝飾，彩色大理石鑲嵌形成的立方體圖案典雅而突出吸睛，巨大的穹頂更奪人眼目，可說是倫巴第文藝復興的代表作。這座禮拜堂屬於聖母聖殿的一部分，修建於一四七二至一四七六年，既是教堂也是陵墓，獻給聖巴爾多祿茂、聖馬可、聖若翰洗者（施洗者約翰）三位聖人，同時埋葬著文藝復興時期威尼斯著名的軍事將領巴托洛梅奧・科萊奧尼（Bartolomeo Colleoni）和他的女兒美狄亞。

1 貝加莫主教座堂內部
2 科萊奧尼禮拜堂
3 聖母聖殿的入口和鐘樓

如果大家對音樂有興趣的話，記得到上城區的唐尼采蒂大街（Via Donizetti）走一遭，貝加莫是義大利著名作曲家唐尼采蒂（Domenico Gaetano Maria Donizetti）的出生地，大街就是爲紀念他而命名。可惜疫情關係，內部布置華麗的博物館仍然關閉，我也因此錯過參觀他的故居和見識他的手稿和生前使用過的鋼琴。

貝加莫的上城區彷彿穿越了時光，流連在這些中世紀的迷人建築中，是視覺的一大饗宴。有人說，貝加莫擁有「中世紀的心」和「現代的靈魂」，前者完美詮釋了貝加莫的上城，而後者描述的正是它的下城。新城的熱鬧程度明顯更勝於舊城，又恰逢舉辦市集，攤販、食客，還有閒逛的路人熙攘，整個氛圍像是義大利初秋耀眼的陽光，煙火十足又溫暖舒適。

市集末端有座高高聳立的聖巴爾托洛梅奧教堂（Chiesa dei Santi Bartolomeo e Stefano），裡面收藏一幅洛倫佐．洛托（Lorenzo Lotto）創作的《Martinengo 祭壇畫》，描繪聖母與聖子坐在聖徒圍繞的寶座上，是他尺寸最巨大的畫作。洛托出生於威尼斯，性格孤僻、不隨波逐流，終生懷才不遇，直到過世之後才受到關注，被稱作流浪和孤獨的畫家。想要更了解這位個

性獨特的畫家，感受他的魅力，可以前往下城區的卡拉拉學院（Accademia Carrara），這是貝加莫著名的美術館之一，收藏許多藝術大師的作品，在這裡我就不一一贅述，大家不妨親自來品評一下。

貝加莫獨特的氣質確實吸引並激發了很多偉大的藝術家，法國作家司湯達讚美它爲「地球上最漂亮的地方」；法國作曲家德彪西（Claude Debussy，德布西）的《貝加莫組曲》（Suite bergamasque，或稱爲《貝加馬斯克組曲》）是用此處的鄉村音樂風格所創作，其中的《月光》（Clair de Lune）更可以用「偉大」兩字來形容。這樣一個奇妙的城市，既有跨越時光的歷史，又兼具現代的勃勃生機，怎麼能不令我偏愛呢？

1 下城街景

2 下城的市集和聖巴爾托洛梅奧教堂

不可錯過的寶藏城市：布雷西亞

提到布雷西亞（Brescia），人們可能多半會想到足球。成立於一九一一年的布雷西亞足球俱樂部（Brescia Calcio）是義乙聯賽的一支隊伍，儘管名氣有限，但熟悉足球圈子的朋友應該不陌生。

它是倫巴第大區的第二大城，人口超過二十萬。然而，在義大利觀光，大概很少有人會單獨說起這座城市，它的左鄰是時尚之都米蘭，右鄰是有羅密歐與茱麗葉加持的愛情之城維羅納，南面還有個小提琴之都克雷莫納（Gremona），夾在中間很容易被旅遊人士忽略，也因此鮮少亞洲旅客到訪。其實這裡早在公元前一千兩百年已有人類聚居，擁有眾多中世紀名勝古蹟，如教堂、博物館和美術館，歷史文化遺產極爲豐富。導遊介紹說它是義大利除米蘭外，擁有藝術遺產第二多的城市。

布雷西亞位於義大利北部阿爾卑斯邊緣的平原上，天氣清朗、視野清晰時，可以看到遠方阿爾卑斯山上的皚皚白雪；因爲距離伊塞奧湖（Lago d'Iseo）和加爾達湖都非常近，可以享受到舒適的濕潤氣息。布雷西亞很早就開始發展工業，尤其在冶金、機械方面，還有紡織和軍火、化學等工業，現在依然是義大利享譽盛名的工業中心。它臨近湖泊和溫泉，亦是適合旅遊休閒之處。布雷西亞繼承了古羅馬的建築遺產，擁有方正規整的街道和城市布局。同很多義大利古城一樣，小城也分新、舊城區，居民生活在現代和懷古情懷之間。

說到義大利旅遊，必然會看它的教堂，以及各地的廣場，都是不應錯過的風景。經過多次的深度遊，我意識到廣場就是義大利人生活的縮影。布雷西亞市中心的涼廊廣場（Piazza della Loggia）被譽爲義大利北部最美麗的廣場之一，作爲文藝復興時期的產物，見證了那段輝煌的威尼斯歷史。位於廣場西邊，白色典雅的涼廊宮（Palazzo della Loggia）如今變成了市政廳。另外理性主義風格的勝利廣場（Piazza della Vittoria）和羅馬遺蹟所在的論壇廣場（Piazza del Foro）距離都不遠，可以安排順路欣賞這些美麗的歷史建築。

布雷西亞舊主教座堂（Duomo Vecchio di Brescia）是這裡最大、最重要的宗教建築代表，建於十一世紀，它有一個更爲複雜的名字叫「聖母升天冬季聯合大教堂」（Concattedrale invernale di Santa Maria Assunta）。圓形的羅馬式教堂外觀非常樸實，內部裝飾也同樣簡單，卻有種獨特的氣質，有特色的是其鑲嵌工藝的地板。不知是我造訪時沒什麼人的緣故，抑或教堂本身的氣場，教堂內呈現一種讓人心緒沉澱下來的平和靜穆。

與舊大教堂相鄰的是新主教座堂（Duomo nuovo），又名「聖母升天夏季大教堂」（Cattedrale estiva di Santa Maria Assunta），始建於一六〇四年，至一八二五年才完工，耗時兩百多年，是該城最大的羅馬天主教堂，擁有義大利第三高的圓穹頂，很是顯眼，在城內一眼就可以看到。教堂內部亦收藏不少令人驚嘆的美術作品。

布雷西亞的規模其實很小，但光是教堂和廣場就很值得駐足欣賞。

老城的東側有一組宏偉的歷史建築，包括聖朱利亞修道院和救世主教堂，如今設有聖朱利亞博物館（Museo di Santa Giulia），展品琳瑯滿目，陳列眾多羅馬時代的藝術品，含括不少精緻的鑲雕作品，其中最具代表性的作品是九世紀的寶石十字架，十分珍貴。博物館還擁有保存完好的巨幅濕壁畫，把小城兩千年來的故事逐一描繪出來。雖然藏品甚豐，可惜我來訪時旅客極少，可能是宣傳不足，或者布雷西亞這座古城的風頭被其他熱門城市的光芒所掩蓋。

1 涼廊廣場

2 白色建築爲新主教座堂，右邊爲舊主教座堂

3 新主教座堂內部

1 教堂前廣場上的噴泉

2 布雷西亞城堡

3 布雷西亞城門

但可別因此小覷它，這兒可是屬於世界文化遺產「義大利倫巴第人遺址」中重要的一部分呢！

布雷西亞城堡（Castello di Brescia）是這個城市最讓我驚喜之地，它既是城市象徵，也是義大利最大的堡壘之一。城堡聳立在城中最高的山丘上，建造初衷當然是保衛城市，從城門上的雙翼獅子浮雕看出這也是威尼斯共和國時期建成的城堡。這天天氣不怎麼好，但登上城堡至少還能看到整個布雷西亞城區。如今城堡已成現代人的觀光景點，也是布雷西亞最大的公園，曾經再怎麼輝煌，也已經步入歷史。

最後有幾個趣味知識點跟大家分享一下：電影《英雄本色》中，周潤發飾演的小馬哥常用的武器是貝瑞塔92，其製造商總部就設在布雷西亞。作爲義大利主要的槍支製造商，貝瑞塔是全世界最古老的軍械企業之一，由同一個家族營運了將近五百年，使其成爲世界上仍在經營的槍械製造商中歷史最悠久的一間。此外，布雷西亞爲小提琴發源地之一，是最早開始製造小提琴的地方，與相距不遠的克雷莫納一起構成世界上最精良的小提琴產區，培養無數提琴名匠。朋友們，若你擁有一把十六到十八世紀間在此地製造的小提琴，現在應該已經是天價了吧！

小提琴故鄉：克雷莫納

克雷莫納（Cremona）距離米蘭有一個小時的車程，是個清幽的小鎮，我到這裡完全是衝著「小提琴聖地」的名聲。小提琴的歷史眾說紛紜，至今沒有關於最早起源的完整記錄，比較確定的來源之一是中世紀的里拉琴（Lira/Lyra），一種用弓演奏的梨形弦樂器，來自拜占庭帝國的伊斯坦布爾（伊斯坦堡），並通過貿易路線傳播到歐洲。十六世紀，義大利北部小鎮克雷莫納的製琴師安德里亞·阿瑪蒂（Andrea Amati）在美第奇家族的委託下製作了第一把眞正意義上的小提琴，在這兒我不得不再次欽佩這個對義大利文藝復興做出巨大貢獻的傳奇家族。

波河是義大利最長的河流，橫貫義大利北部全境，克雷莫納小鎮位於波河中游的北岸。它最初是在公元前二一八年由羅馬人建立，歷經拜占庭帝國、神聖羅馬帝國、威尼斯共和國、西班牙、奧地利等的統治，是農產品集散地和加工中心。借助波河航運帶來的便利，製作提琴需要的楓木和雲杉源源而來，這也爲克雷莫納成爲日後的「小提琴故鄉」奠定了基礎。

從安德里亞．阿瑪蒂的第一把小提琴誕生之後，小鎮陸續出現了三大製琴家族，其中最偉大的當屬安東尼奧．斯特拉迪瓦里（Antonio Stradivari），他被譽爲是最偉大的「小提琴之王」，直到現在，世界上每一個提琴演奏家都以擁有一把斯特拉迪瓦里的琴爲傲，不管是小提琴還是大提琴，卽便是能親自演奏一次也是足以向全世界炫耀的榮譽。

如今在克雷莫納的中心地區，斯特拉迪瓦里留下的痕跡處處可見，他的雕像更是矗立在街頭巷尾。說到這裡，我想到大提琴演奏家馬友友那把「大衛杜夫」（Davidoff Stradivarius），是一七一二年出自斯特拉迪瓦里之手的大提琴，前主人爲才華洋溢卻英年早逝的英國大提琴家雅克利娜．杜普蕾（Jacqueline Mary du Pré）。在她病逝後，該提琴獲酩悅．軒尼詩—路易．威登集團收藏，收購的價格從未公開過，之後借給馬友友終身使用。馬友友說：「這把『大衛杜夫』對我而言，它是我演奏過最好的樂器，我眞的相信這把琴是有靈魂的，而且也具有想像力。」名琴與名家從來都是互相成就的。

此外，瓜爾內里（Guarneri）也是克雷莫納著名的製琴家族，尤其是朱塞佩．瓜爾內里（Bartolomeo Giuseppe Guarneri），更是家族裡最傑出的製琴師，他又被稱爲耶穌．瓜爾內里，因爲製作的琴會標上代表耶穌名字縮寫的 IHS 字樣及十字架圖案。偉大的小提琴大師尼科羅．帕格尼尼（Niccolò Paganini）最珍愛的一把名爲加農砲（il Cannone）的小提琴，就是他的作品。也因爲帕格尼尼，使得朱塞佩．瓜爾內里所製作的提琴價值更高。他與安東尼奧．斯特拉迪瓦里活躍於同一個時期，不同於高齡九十三歲才過世的斯特拉迪瓦里一生中製作了上千把提琴，如今仍有約七百把留存世上，享年四十六歲的朱塞佩．瓜爾內里職業生涯只有二十多年，生前一共製作兩百五十把小提琴，而留存於世的只有一百五十把，當然，目前已是價值連城了。

克雷莫納現在還有大大小小逾一百五十多家小提琴製作工坊，很多惜琴之人都是不遠萬里而來，就是爲求訂製一把價格昂貴的小提琴，然而並非有錢就一定能心想事成，小提琴的製作時間長，面對應接不暇的訂單，很多工坊的製琴師也會篩選客戶。

我本想參觀鎭上的小提琴博物館（Museo del Violino），裡面展示小提琴的歷史與發展、製作技術、斯特拉迪瓦里製作小提琴的工具，和小鎮數百年來的小提琴作品，以及世界各地的名琴，可惜因午休時段無緣見識這些價值不菲的藏品。據說裡面的琴動輒就是價值幾百萬、上千萬歐元的名琴，當然更可以欣賞到斯特拉迪瓦里、瓜爾內里和阿瑪蒂三大家族的傳世名作。聽說其中一些還會定期借出去給各地的名家演奏，讓這些名琴之音不絕。因爲琴越常用，聲音就更悅耳，倘若長期閒置不用就會失音，得經過長時間的重新「調教」，才能恢復音色，這也是爲什麼歷史上的名琴幾經易主都要繼續演奏的原因。

二〇二〇年停留臺灣期間，我參觀過臺南奇美博物館，創辦人許文龍先生也惜琴如命，他收藏的第一把小提琴就出自斯特拉迪瓦里。自此，他不斷走訪歐、美各地，蒐集眾多大、小提琴，超過千把，擁有全球數量最多，也最全面的小提琴收藏，令博物館的名聲不逕而走。

除了小提琴，克雷莫納小鎮本身也很值得一遊。整個小鎮保留著三、四百年前的建築風貌，環境相當幽靜。老城中心廣場有座宏偉的克雷莫納大教堂（Duomo di Cremona），它原先爲羅馬式教堂，建於一一〇七年，一一二九年開始重建，混合了哥特式、文藝復興和巴洛克多種風格，外觀宏大華美，教堂內有巨型半圓形後殿和拱廊等。

1 克雷莫納大教堂和鐘樓

2 鐘樓外牆的鐘面

走出教堂後，隔壁就是我想登上去的克雷莫納鐘樓（Torrazzo di Cremona），它是義大利最高的鐘樓，同時也是世界第三高的磚砌鐘樓，有一百一十二點七米高。不巧正好遇上管理員的休息時間，我被攔了下來，若要登樓只能再等三個小時。我順便瞭解了下，才得知原來不只是鐘樓，這裡的商店、辦公室等也同樣午休三個小時，難怪街上行人不多，還有這層原因在！

三個小時說長不長，說短也不短，恰好到了飯點，於是我來到大教堂對面的餐館隨意吃點東西，順道休息片刻，意外發現這兒是拍攝整個教堂和鐘樓的最理想位置。眼前這座鐘樓安裝了一個直徑超過八米的巨大古老天文鐘，最早出現在一五八三年，現在我們看到的是一九七〇年修復後的版本。

聽司機說，鐘樓約有五百級階梯，且每個階梯都留有歲月的痕跡，中間還有一段僅容納一人通過的磚結構，旅客上下都只能側身而過。幸好我未能登上去，否則很可能會半途而廢。不過若有機會一登塔頂，就能環視小鎮，將全鎮和波河風光盡收眼底。

A. STRADIVARI
1644 ? - 1737

午餐之後，我也乘機在市內尋找斯特拉迪瓦里故居（Casa di Stradivari），因爲語言不通的關係，沿途查詢都不得要領。所幸遇到一位當地人，他非常熱情地親自領我來到一條充滿小提琴氛圍的街道，一幢並不顯眼的公寓，就是斯特拉迪瓦里與夫人結婚時的故居以及工作的地方，可惜正遇到維護，被圍板圍著。我大嘆無緣入內參觀，一睹小提琴的藏品。

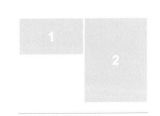

1 特雷基宮

2 斯特拉迪瓦里雕像

1 聖阿加塔教堂

2 教堂的彩繪玻璃

我在故居後面的街道上無意中發現一座紅色牆壁的大型建築——特雷基宮（Palazzo Trecchi），由特雷基侯爵建於十五世紀，作爲他的住所。目前的外觀是在十九世紀中翻新，包括新哥特式的楣板、典雅的柱廊和美麗的天花板，過了中庭還有一道大理石的階梯。現在這兒成爲舉辦會議、展覽和表演等的場所。街道的盡頭有一座重建的聖阿加塔教堂（Church of Sant'Agata），立面是白色的新古典主義風格，我順道走進去參觀一番。

這次遊小提琴故鄉，最令我感到不虛此行的是來到兩家私人小提琴工匠作坊，聽他們介紹小提琴的製作過程，工序非常繁複。我隨口問了一下價錢，這些人手製作的琴最低都要八千歐元，最貴則是三到十萬歐元。我原打算收藏一把產自「聖地」的小提琴，聽了價格，唯有望「琴」興嘆，就此作罷。不過他們隨手拉起弓弦，就連我這個五音不全的門外漢都能清楚分辨出不同價格的提琴之間音色有何差別。

這座小鎮除了聞名全球的提琴外，還有另一種甜蜜的特產。來到克雷莫納，才知道我非常鍾愛的牛軋糖（nougat）是一四四一年在這兒發明的。據說當時在一場貴族婚宴上，出現一種由蜂蜜、杏仁和蛋白製成的糖果，有平安、甜蜜和永恆的寓意，成爲今天牛軋糖的由來。隨著東西貿易發達，這種貴族的「珍品」自然流傳到世界各地。我在小鎮的糖果店嚐個一遍，也順便帶些回家作爲伴手禮。

每年十一月，鎮內還會舉辦「牛軋糖節」（Torrone Festival），除了各種口味的牛軋糖外，還有其他甜點及音樂、舞蹈等，甚至重現十五世紀貴族婚宴上的場景與表演，爲活動掀起高潮。

威尼斯及周邊地區

流連威尼斯

我和水城的淵源

水面上一座古橋，一個月亮在古橋上掛。
水面下一座古橋，一個月亮掛在古橋下。
天上一眨一眨的是星星，水下是星星一眨一眨。
你說哪一座古橋是真？你說哪一座古橋是假？

——加尼・羅大里（Gianni Rodari）《水城威尼斯》

二〇二〇年，新冠疫情突然炸響，一場無硝煙的戰爭就這樣展開，牽動著所有人的心。當疫情在義大利的倫巴第大區迅速蔓延，義大利一下子成了歐洲的疫情中心。再之後，全球爆發疫情，一瞬間，世界彷彿被按下了定格鍵，我也受疫情之阻，被迫輾轉於異國他鄉。七月底，義大利疫情放緩，我自瑞士啟程，在米蘭稍作停留後，旋即趕往水城威尼斯（Venice/Venezia）。

我個人對威尼斯懷抱著不一般的感情，正如二〇二〇年，除疫情之外，於我個人還有一種特殊情懷，這一年剛好是我和老伴結婚四十周年紀念，而威尼斯則是我們一九八〇年新婚蜜月旅行地之一。在疫情陰霾還未消散的背景下重訪威尼斯，對我來說已不只是故地重遊那麼簡單了。

回想一九八〇年的威尼斯蜜月之旅，是我首次出國，這裡處處令我驚豔不已，正如一九〇八年印象派大師莫內（Claude Monet）的初次來訪，感嘆這座城市「太爲美麗，因此無法被繪製出來」。這位大師在兩個月的旅行中「始終沉浸在喜悅之中」，當然後來還是把威尼斯永久地留在了他的作品中。威尼斯的美對我來說亦是如此，無法描繪和言喻，讓我讚口不絕，也因爲是我和老伴的新婚蜜月地，往後我每次到訪，也總會去當年下榻的酒店看一看，努力尋回當年的美好回憶。

亞得里亞海（Adriatic Sea）西北隅，義大利的東北岸，有片廣闊的淺水區，與大海隔絕形成了潟湖，威尼斯就座落在潟湖的中心。當年羅馬淪陷後，歐洲大陸上的農民厭倦了蠻人的侵擾而遷徙到潟湖，從而成就了威尼斯這個偉大城市的誕生。它曾是擁有一千一百年歷史的威尼斯共和國（Republic of Venice）的中心，也曾是西歐與拜占庭帝國的貿易中心，其經濟之繁榮和貿易之活躍，我們從莎翁筆下的《威尼斯商人》（The Merchant of Venice）中可見一斑。

威尼斯本身並非一塊完整的土地，而是由無數橋梁連接的一百一十八個島嶼組成，島嶼之間有條長約四公里，深約五米，寬三十到七十米的大運河（Grand Canal），及縱橫交錯的一百七十七條支流。這是一座名副其實的水城，「因水而生，因水而美，因水而興」。

遺憾的是，她同時也是一座不斷下沉的水城。近年來隨著全球氣候暖化導致海平面上升，以及過度抽取地下水等因素，威尼斯正以每年一到兩毫米的速度下沉中，導致每逢大潮就飽受水患之苦；此外，即便威尼斯以千年不朽的木樁嵌入泥裡作爲地基，很多建築的底層卻已被掏空。同時，由於當地高昂的生活成本，很多年輕人爲了更好的就業機會，選擇離開前往外地謀生。過去數十年來，威尼斯的常住人口數一直下降，也成爲城市的一大隱憂。

這個世界聞名的水鄉在享受因水帶來的福利，同時也在「因水而憂」。她的倖存要歸功於政府的幫扶和無比發達的旅遊業，但正是「成也蕭何，敗也蕭

↑作者 1980 年蜜月旅行時下榻的酒店，每次到訪威尼斯時總會前往一探，回想當年

何」，威尼斯過度依賴的旅遊業在新冠病毒這股「疫流」下首當其衝，遭受重創的旅遊經濟是否還能承受得起義大利的「門面擔當」？且讓我來實地探訪一番。

運河上的貢朵拉

二〇二〇年三月初，義大利全國因新冠疫情爆發，實施了嚴格的封城措施和民眾隔離政策。

缺少全球旅客的造訪，威尼斯的運河肉眼可見的清澈了，不但出現數十年未見的小魚成群、海豚回歸，甚至還有水母光顧，就連不少威尼斯居民都坦言，如此乾淨的河道，

↑大運河沿岸

是畢生首見。在威尼斯的河道裡，水中生物重獲新生，被人類活動所侵蝕的空間失而復得。當時人類活動只不過停擺了幾十天，大自然就讓我們見識到如此神奇的變化。

威尼斯的大運河呈倒S型，從西北面的羅馬廣場一路蜿蜒，直至位於市中心的聖馬可廣場（Piazza San Marco），把水都一分為二，稱得上是威尼斯的生命之血。美國文學巨匠馬克・吐溫在《傻子旅行記（Innocents Abroad）》中，把威尼斯的水上風情和生活氣息描寫得淋漓盡致。文中獨具特色的威尼斯尖舟就是威尼斯特有的「貢朵拉」（Gondola），它作為威尼斯的象徵，已經足有一千多年的歷史了。

1 貢朵拉

2 停泊岸邊，乏人問津的貢朵拉

四十年前的蜜月之旅，我與老伴第一次體驗貢朵拉，當時是和其他同樣在蜜月中的新婚夫婦共乘一舟，船夫站在船頭，一邊划槳，一邊高唱義大利情歌，盡情展露義大利人天生熱情奔放和浪漫多情的性格，當然，也爲了我等遊客們的小費打賞。

來到水城，乘坐貢朵拉是欣賞威尼斯風貌的最佳方式，也是每一個遊客必不可少的行程。疫情爆發之前，大運河上交通繁忙，一艘艘貢朵拉載滿來自全世界的旅客，穿梭於狹窄的河道間，不時出現「塞船」的狀況，迫使船夫使出划船的畢身功力。岸邊和橋上人來人往，擁擠喧嘩，人流遮蔽了美麗的風景，乘一趟船，居然疲憊多過愉悅。

時隔四十年，在新冠疫情的背景下，我再次乘坐貢朵拉，平時三十到四十分鐘的遊船時間需要高達一百五十歐元的船費，而今我可以跟船夫討價還價，八十歐元便可遊覽一個小時，可見疫情對旅遊業的傷害有多大。

全身漆上黑色的貢朵拉緩緩滑行，大運河一改往日的繁忙景象，水面上空空蕩蕩，格外冷清。我沿著運河遊覽，首先看到的是巴爾巴里戈宮（Palazzo Barbarigo della Terrazza），是一座文藝復興風格建築，歷史可追溯到一五六九年，特色是有個可以俯瞰大運河的露臺，如今改作一間酒店。隔壁的庇薩尼宮（Palazzo Pisani Moretta）建於十五世紀下半葉，也是一座非常具有底蘊的威尼斯哥特式建築，象徵著昔日貴族庇薩尼家族的財富和品味，並曾經接待過許多皇室貴族、達官貴人，如俄國沙皇保羅一世和羅馬帝國皇帝約瑟夫二世。這座宮殿式建築經過幾個世紀的整修和擴建，改造成目前的面貌，還曾經作爲 007 系列電影的場景。

貢朵拉繼續向前，滑過一棟過去作爲學校的漂亮樓房，更過去一些，豎起兩支埃及柱，上面有三角形山形牆裝飾，看上去有些舊的白色房子，是旅行家馬可・波羅（Macro Polo）的故居。沿途見到許多年久失修、外牆斑駁的華廈大宅，這些老態卻掩蓋不住威尼斯昔日的光彩，依稀可以懷想當年的繁華景象。

整座城市如同一座大型的博物館，無數傳統的威尼斯建築散發特殊的嫵媚風情，單看其建築工法就相當獨特：當地的居民先將木柱插進泥土內，再鋪上防水性能極佳、耐海水腐蝕的伊斯特拉石（Istria Stone），最後在石上砌磚，建起一座座房屋。厚重的大石塊能夠承載較輕的磚，所以不會讓房屋下沉。儘管當今科技這般發達，建築方法可輕而易舉用其他材料頂替，卻難以仿效威尼斯特有的古韻與魅力。

貢朵拉一路暢通無阻，我隨船夫穿過大小河道，好不容易才遇到迎面而來的另一艘貢朵拉，我與掠過的乘客彼此默契的招手示意，都不約而同說出「保重」（Take Care）的問候語，在這個艱困的時期，爲這場難得的巧遇。

臨近黃昏，斜陽映照下，我穿行在一幢幢古老的建築間，河畔靜止的建築彷彿在水中漂動起來，猶如一幅瑰麗的油畫。「運河裡有悠然的流水，淺綠的水色，如絹的波光；平底船掠過水上，沒有聲息；聽不見嘈雜的市聲、粗暴的擊聲、尖銳的叫聲，也沒有喧嚷咆哮——在所有這一切裡，全有著神奇的、不可思議的、令人沉醉的魅力。」俄國小說家屠格涅夫（Ivan Turgenev）在文學作品《前夜》中描述威尼斯最美的一面，這一刻在我眼前全成了現實。

貢朵拉運河之旅在一片寧靜中結束了。多年來，威尼斯人多次爲當地過度商業化的旅遊發展疾呼抗議，但面對如此冷清蕭條的威尼斯，我想對於當地人來說，應該既是驚喜也是噩夢吧！但不可爭辯的事實是，沒有人類過度的打擾，大自然得到了暫時喘息的機會，並重新煥發光彩，這都值得我們深深反思，究竟該如何與大自然和諧相處，應是全人類永恆探討的主題。

一座城、一個廣場

一個人卽使在一地從出生到終老，恐怕也無法全然看盡一座城，只能窺見它的一部分。在歐洲，每個城市幾乎都有其主要廣場，廣場成爲當地的精華所在。如果說「貢朶拉」是威尼斯的象徵，那麼聖馬可廣場（Piazza San Marco）便是威尼斯的精華，令人流連忘返的勝地。聖馬可廣場的官方譯名是「聖瑪爾谷廣場」，大致呈現梯形，長一百七十餘米，東邊寬八十米，西側寬五十五米，自古卽爲威尼斯的政治、宗教和傳統節慶中心。在威尼斯，所有的廣場唯有它能被稱作 Piazza，其他只能稱作 campi（兩個例外爲 Piazzetta 和 Piazzale Roma）。

一七九六到一七九七年，拿破崙遠征義大利，歷時一年大獲全勝。進占威尼斯後，他以勝利者的姿態讚嘆聖馬可廣場是「歐洲最美的客廳」和「世界上最美的廣場」。他同時將廣場重新規劃，不僅把行政官邸大樓改成了自己的行宮，還興建連接新舊兩棟行政官邸大樓的翼樓打造他的舞廳，稱爲「拿破崙翼大樓」。這幾組建築加上總督府、聖馬可大教堂與時鐘塔，構成了如今威尼斯的中心廣場。

个聖馬可教堂及鐘樓

因爲水城的交通得仰賴水道運河，所以座落市中心的聖馬可廣場上絕無汽車行駛的擁堵和嘈雜聲，不過漫天飛舞的野鴿，經常是見到廣場的第一印象。儘管餵飼野鴿已經被政府明令禁止，但過往經年累月自然而然形成的傳統，仍有遊客偷偷餵食，導致野鴿依舊在廣場流連不去。不料受到疫情影響的遠遠不只是人類，野鴿也懂得生存之道，失去遊客的餵食，聖馬可廣場終究留不住饑腸轆轆的野鴿，唯有另覓他處「乞食」去了。如今停留在廣場上的鴿子寥寥無幾，不復見群鴿亂飛的熱鬧場景。

↑左爲新行政官邸大樓，前方爲拿破崙翼大樓，右爲舊行政官邸大樓

平日高朋滿座的咖啡廳、餐館都因疫情而歇業，原本占據廣場兩邊的桌椅也統統收了起來。缺少海外旅客的到來，這天在廣場走動的人寥若晨星，更顯得偌大廣場的空曠。

來到聖馬可廣場，首先一定會被那座獨立於周邊建築群、高聳入雲的鐘樓所吸引，它就是聖馬可鐘樓（Campanile di San Marco）。鐘樓建於十六世紀，整體高九十八點六米，外觀是用紅色磚塊築起的巨大長方柱體，每邊長十二米，高五十米。柱體上方則有個尖塔，尖塔頂端置放一個帶有翅膀的加百利天使金色雕像，具有風向標的功用。

尖塔下方是一個拱型鐘樓，裡面有五座鐘，整點時，五鐘齊鳴，響徹廣場。鐘樓上面的紅磚閣樓外牆則有聖馬可飛獅和正義女神的浮雕裝飾。

聖馬可鐘樓過去遭受過火災、地震毀壞，並經過多次的修復。一九〇二年，鐘樓曾經完全倒塌，由於事故發生前，樓身已出現裂縫等先兆，於是淨空鐘樓周邊，不准人們靠近，因此當鐘樓倒塌時，並未造成人員傷亡，唯有鐘樓管理人員所養的貓不幸被壓死，成爲這場災難唯一的犧牲者。一九一二年鐘樓完成重建，除了內部增加電梯方便遊客外，外觀並沒有什麼變化，也就是我們今日所見到的鐘樓。

搭乘電梯登上鐘樓頂端，可以欣賞威尼斯全貌，因此鐘樓附近一直都是人潮洶湧，門口擠滿輪候登樓的旅客。疫情期間鐘樓暫停開放，周邊空蕩寂靜，場面實在罕見。

聖馬可鐘樓的斜後方，是廣場上另一座龐然大物——聖馬可大教堂（Basilica di San Marco），它的全稱是聖馬爾谷聖殿宗主教座堂，名字比較拗口。它始建於八二九年，後來在十一世紀進行重建。教堂內供奉被尊爲威尼斯守護神的聖馬可，埋葬這位聖徒的遺骨。教堂上方有五個「洋蔥頭」圓屋

↑聖馬可圖書館同樣也是位於聖馬可廣場上的建築

頂，屬於典型的東方拜占庭風格，整體結構爲希臘十字，也就是十字形的四臂長度相等。教堂外觀可以見到大量尖拱門、雕像等哥特式建築特色，另外還有文藝復興式裝飾，可說是多種藝術融合成完美結晶，絲毫不顯突兀，反而呈現一種和諧美。它不僅僅是威尼斯建築藝術的經典，亦是一座藏品豐富的藝術品寶庫。

聖馬可大教堂內外有著大量馬賽克鑲嵌畫，很多都是關於聖蹟的故事，既精緻且保存完好。教堂中央拱門上面有四匹青銅馬頗爲醒目，它們是一二○四年第四次十字軍東征時，從君士坦丁堡帶回的戰利品，不過都是複製品，眞跡藏在教堂的博物館中，我以前曾入內觀賞過。它們的大小與眞馬一樣，戰馬飛奔騰躍的造型，神態畢具，唯妙唯肖。

過往每天都有成千上萬的旅客從世界各地慕名而來，如今因疫情而關閉，令人唏噓不已！此時正好有一婀娜多姿的紅衣女郎在教堂前拍攝平面照，與冷清廣場形成了強烈的對照，令我忍不住按下相機快門，用鏡頭留住她的身影。

聖馬可大教堂旁邊有一個方方正正的鐘樓，叫做聖馬可時鐘塔（Torre dell'Orologio），顧名思義，是一座報時的鐘塔。塔頂的露台上有兩個青銅製的「摩爾人」（Moors），每到整點它們就用手中的錘子敲鐘報時，所以也叫作「摩爾人之鐘」；

↓聖馬可教堂

往下是聖馬可飛獅——一隻帶有翅膀的獅子，代表著聖馬可，也是威尼斯城市與威尼斯共和國的象徵；飛獅下方為聖母與聖子的雕像；再往下是一個藍色的琺瑯時鐘圓盤，周圍刻有二十四小時制的羅馬數字，鐘盤上還有金色的黃道十二宮圖案，以及地球、太陽和月亮的標示，整體顯得華麗高貴；最下方是這座四角形鐘樓的橫廊門洞，同時也是進入聖馬可廣場的一個入口。

一座優雅華麗的哥特式建築位於聖馬可大教堂的側面，數百年來一直是威尼斯共和國政權及威望的所在，這就是威尼斯總督宮（Palazzo Ducale），如今已改成博物館的用途。一般建築結構多為上輕下重，總督宮卻以下面兩層纖細的柱子支撐上方的牆面，營造出一種特殊而奇異的漂浮感。外牆以白色和玫瑰色拼接成幾何的圖案，搭配純白且整齊的柱子，顯得輕盈而又優雅。

關於聖馬可廣場還有很重要的一點，這裡是威尼斯每年一度嘉年華狂歡節（Carnevale di Venezia）的聚集地。威尼斯面具節與巴西里約、法國尼斯並列世界三大最著名且歷史最久的狂歡節，舉辦日期是在四旬齋節的前兩周開始，並於前一天，也就是懺悔星期二（Shrove Tuesday，法文 Mardi Gras）結束，一般在二至三月之間。由於從四旬齋節開始要齋戒苦身，以紀念耶穌在荒野中禁食四十天，人們在此之前便盡情歡慶享樂。

↑時鐘塔

歷史悠久的面具節在節慶期間，聖馬可廣場上湧現狂歡的人群，大家戴上多姿多彩的面具，盛裝出席，隱藏起平日身分，打破階級的藩籬，不分貴族平民，盡情投入一場狂歡盛宴。後來更吸引世界各地的旅客一起參與，一同在廣場上載歌載舞、熱鬧非凡。

我也曾於二〇一五年與朋友專程赴會，出席當年的開幕式，那年尚未遇上疫情攪局，而是天公不造美，當日傾盆大雨，儀式被迫延期，讓我們乘興而來，敗興而返。而二〇二〇年的狂歡節受到疫情影響，仍有部分勇敢的市民穿著盛裝自娛自樂，但終歸不能跟以前相比，只有草草了事，提前結束。對於一場盛事來說，實在十分遺憾，卻也是情非得已。唯願全球能夠早日擺脫疫情，並誠心祈盼聖馬可廣場這個威尼斯的心臟恢復昔日的活力。

橋的巡禮

威尼斯水多、橋也多，總共有四百零一座橋，成爲市內的重要連接通道，方便市民穿梭於島與島之間。

其中最有名的一座，要算是嘆息橋（Ponte dei Sospiri）了。這座拱橋建於一六〇三年，上方以穹隆覆蓋，封閉得很嚴實，只有向運河的一側開有兩個小窗。這座橋連接著總督宮和過去的監獄，當囚犯們在總督宮接受審判後，如果被判有罪，就會被押往嘆息橋另一邊的監獄，走向生命的終點。行經這座密不透氣的橋時，囚犯只能透過小窗看見外面的藍天，最後再看一眼美麗的威尼斯，不免發出一聲長嘆，「嘆息橋」的名字由此而來。

讓「嘆息橋」名震天下的不止於此，正如每一個經典景點背後都有一個美麗的故事加持，威尼斯當地也有一個傳說：日落時，如果戀人們在嘆息橋下的貢朵拉上親吻對方，將會得到天長地久的永恆愛情。這個說法使得嘆息橋搖身一變成爲世界上最具浪漫色彩的橋之一。

正如威尼斯廣場一樣，嘆息橋的周邊總是擠滿旅客，人山人海。此時的我卻能「閒憑欄桿望落暉」，未見人群的喧鬧，悠然自在，實屬難得！

至於呈倒S型綿延數公里長的威尼斯大運河上，則橫跨了四座主要橋梁，分別是憲法橋（Ponte della Costituzione）、赤足橋（Ponte degli Scalzi）、戴爾學院橋（Ponte dell'Accademia）和里阿爾托橋（Ponte di Rialto）。

1 嘆息橋

2 後方爲戴爾學院橋

赤足橋鄰近威尼斯的火車站，十九世紀時原本是一座鐵橋，外型與周遭的建築並不搭配，同時也影響船隻通行，一九三二年改以伊斯特拉石爲建材，耗時兩年，建成今日的石造拱橋。赤足橋得名於附近一座巴洛克風格的赤足教堂，它橫跨聖十字區（Santa Croce）和卡納雷吉歐區（Cannaregio），前者有著威尼斯的巴士站，是威尼斯唯一可以通行汽車的地方，後者在文藝復興時期，曾經爲工人階級的聚集地，而猶太人也曾經被限制只能住在此區。

憲法橋距離赤足橋不遠，完工於二〇〇八年，卻備受爭議，其一便是它的現代風格，與具有歷史風味的威尼斯並不匹配；再者它的橋面相當陡，臺階也爲玻璃材質，不僅老人難以行走，輪椅無法使用，每當下雨下雪，更因爲太過濕滑而發生多起行人摔倒的事故。再加上建造費用超支、建材不耐用等等因素，義大利法院認爲這座橋在設計建造上具有「重大疏忽」，向西班牙的設計師開罰。

最南端的一座，是戴爾學院橋，簡稱學院橋，名稱源於學院美術館。它完成於一八五四年，原先用鋼構建，後來遭受破壞，到一九三〇年再重建一座木橋。根據導遊的解說，其實最開始這地方只是搭了一座簡易小橋，因高度太低，貢朵拉無法通行，於是威尼斯市政府就建起一座木橋作爲權宜之計。後來想要改建成更加堅固的鋼橋，但遭到市民的一致反對，市政府遂順從民意，只在木橋四周加建了鋼鐵支架，使之成爲大運河上唯一的木製橋梁，留存至今。

木造的學院橋散發一種樸實溫暖的韻味，因爲靠近大運河入海處，視野更加開闊，風景更勝一籌，向來是旅客的熱門打卡點。學院橋附近，有座擁有巨大圓頂，屬於威尼斯地標之一的安康聖母教堂（Basilica di Santa Maria della Salute），是十七世紀時黑死病猖獗時，爲請求聖母眷顧而承諾興建的教堂。

想起疫情前橋上每天萬頭攢動，人群熙攘，如今成了「那堪好風景，獨上洛陽橋」，但因此能夠「站在橋上看風景」，算是可遇不可求的機遇吧！學院橋是欣賞水城日出日落的絕佳地點，駐足於橋上的同一個點，不過是一個轉身而已，太陽的升起與落下，讓威尼斯展現截然不同的風景。奧地利作家斯蒂芬・茨威格（Stefan Zweig）的詩歌《威尼斯日出》把自己親身的感受描繪成一首瑰麗的詩篇：「晨鐘響起了。所有的河道，剛閃著顫巍巍、暗淡的微光，永恆之城的輪廓脫去了，像夢幻一樣的黑夜的衣裳……」不知他當年是否也在我如今站立的位置飽覽如此勝景。

黃昏時分，安康聖母教堂連同其他迷人的古老建築披上了一層金色薄紗，兩岸的商店紛紛亮起燈光，與晚霞一起倒映在緩慢流淌的運河上，泛起粼粼波光，在寧靜浪漫的氛圍中帶點動感。

縱然我在世界各地看了太多的日升日落，海邊、山谷間、大漠裡，甚至在緬甸蒲甘升空的熱氣球上，每一次都深受打動。威尼斯的曙光與餘暉，同樣絢麗的光芒，面對這大自然給予的美麗瞬間，喜悅與感動充盈我的內心。

1 里阿爾托橋

2 安康聖母教堂

↑從橋上看運河

大運河上四座主要橋梁裡，歷史最悠久、名氣最大，也是最著名的景點之一，就是里阿爾托橋（或譯爲雷雅多橋、麗都橋）了，因爲它是大文豪莎士比亞筆下《威尼斯商人》（The Merchant of Venice）的故事背景地，稱得上是威尼斯的象徵。前面提到的聖馬可時鐘塔（摩爾人之鐘）下面有個巨大拱門，穿過拱門之後，順著狹窄的小巷，就能通往里阿爾托橋。

這座美麗單孔拱橋的橋身由純白大理石打造而成，被稱爲「白色巨象」，是威尼斯建築師安東尼．

龐特設計，屬於文藝復興的建築風格。一一八一年曾建了一座浮橋，是它的前身，至一二五五年改爲木橋，後因結構腐朽等因素，多次損毀倒塌，如今面前這座石橋完工於一五九一年，長四十八米、寬二十三米、高七米，單孔跨度爲二十八米。橋上兩側設有商店，在商店的中間爲行人通道，商店外還有露台走廊，登橋同時盡覽大運河風光，可說是一橋多用。

里阿爾托橋的搭建促進大運河兩岸人民在文化與貿易方面的交流，也加速城市的經濟發展，見證威尼斯的繁華史。橋上與橋下兩旁皆是商店及餐廳，還有各類小鋪攤販雲集，亦有不少街頭藝人在附近賣藝表演，這一帶歷來都是威尼斯一處重要的商業中心。每次我到訪威尼斯，從來不會錯過登橋湊湊熱鬧，與擁堵的人流擠在一起。疫情期間來到這兒，石橋上下各家商店、餐館均處在歇業狀態，橋上空空蕩蕩，見不到擁擠的人群，橋下亦不見過去貢朵拉和水上巴士穿梭而過的情景，冷清之餘，卻也是取景拍攝的時機。

橋的另一邊是威尼斯大名鼎鼎的里阿爾托魚市場，魚市場爲當地市民服務，雖然疫情嚴重，市場仍繼續營業，不過攤前冷冷清清，少了熙熙攘攘的人群。在我印象中，魚市場每天從開檔（粵語：開始營業）到收攤，都是人來人往，充斥著吆喝聲，滿是市井小民的生活氣息。過去爲了迎合外來的旅客，市場外面還有不少售賣日常用品、雜貨和紀念品的攤檔，這天我環顧四周，來市場的旅客竟只有我一人！

旅途中，又一則負面新聞傳來：因疫情侵襲，座落在聖馬可廣場行政官邸大樓拱廊下，擁有三百多年歷史的花神咖啡館（Caffè Florian）終於敗下陣來，宣布停業了！與一般的商店關門意義不同，花神咖啡館不僅是義大利最古老的咖啡館，我亦曾經邀得好友老余夫婦，一同感受這古老咖啡館自然優雅的人文氣息。當時我們坐在館內的紅色絨布沙發，背靠牆上的古董藝術畫作，大

↓里阿爾托魚市場

理石的桌上放著濃醇的義式咖啡，現場一片令人放鬆的氛圍。未曾想到這家見證威尼斯甚至義大利歷史變遷的「古董」竟會以這般慘淡的方式落幕，不禁令人黯然神傷。慶幸的是，在歇業數個月後，花神咖啡館浴火重生，重綻光芒，再度開始營運。可惜當我完稿時，仍有其他百年咖啡店沒有這麼幸運，依舊處在暫時歇業的狀態，甚至永久倒閉了。

此行我登上了最優雅的學院橋、最浪漫的里阿爾托橋，並遠觀最悲傷的嘆息橋，但未能跨上最現代化，也最受爭議的憲法橋，也未能再到花神咖啡館啖一杯經典的熱巧克力、嚐一口馬卡龍甜餅。帶著一點遺憾，我告別了大運河，返回聖馬可廣場，仰望佇立在廣場柱上端的雙翅獅子，不由得在心中問道：獅子何時能重新振作，展翅高飛呢？

玻璃島和彩色島

大大小小的島嶼構築成獨特的威尼斯風情，正是這樣的詩情畫意吸引著無數旅人爭相奔赴。威尼斯終年無休地送迎來去匆匆的客人，而疫情的陰霾讓這顆明珠返璞歸眞，回復最初的平淡和寧靜。

今日我的重點行程是乘坐快艇，拜訪離島。

威尼斯共分為六區，我從酒店所在的聖馬可區出發，與大運河相隔的另一邊就是威尼斯歷史最悠久的聖保羅區，是面積最小的一區。快艇穿過連接聖馬可區和聖保羅區的里阿爾托橋，順著蜿蜒的大運河向外島駛去。我留意到水流清澈，絲毫沒有以往曾經聞過的腥臭異味。

迎著風，兩岸建築一一向身後掠去。快艇先後經過行政區的聖馬可廣場、總督宮、嘆息橋，以及名人故居與宮殿等。今日在大運河上，不見過去擠滿貢朵拉的「塞船」現象，只有一艘貢朵拉從遠處迎面而來，艇上甚至沒有載客，只有船夫獨自划著槳，輕快地從我身邊划過。

快艇繼續飛馳前進，接近六區中範圍最大的城堡區（Castello），據船長的介紹，這區並非熱門的旅遊區。入口處有一對堡壘般的高聳閘門，後面的平台放置六雙巨大的手臂雕塑，這是義大利雕刻家洛倫索・奎恩（Lorenzo Quinn）替威尼斯雙年展所設計打造的。六雙手姿勢各不相同，具有各自的代表意義，分別是友誼（Friendship）、智慧（Wisdom）、互助（Help）、信任（Faith）、希望（Hope）和愛（Love）。威尼斯雙年展擁有上百年的歷史，與德國卡塞爾

↑義大利雕刻家洛倫索．奎恩替威尼斯雙年展設計打造的手臂雕塑

文獻展、巴西聖保羅雙年展並稱爲世界三大藝術展，而城堡區就是威尼斯雙年展主場館的所在地。

城堡區曾經是十三世紀歐洲最大的海軍船塢軍械庫，除了是兵工廠，也是造船廠。快艇繞入海灣內，我抬頭一望，就見到一艘停泊在船塢中的海軍艦艇，不過也只能遙望，船長並不打算讓我登陸上岸，因而此行無緣欣賞島上的古蹟文物。從船長口中知道島上最有名氣的景點有聖伯多祿聖殿、聖馬可會堂、希臘聖喬治堂等。

我請船長繞行海灣一周，再往「玻璃島」駛去。

「玻璃島」的眞正名字是穆拉諾

島（Murano），島上以製造生產玻璃製品而聞名。威尼斯的玻璃工藝精湛，是歐洲玻璃製造業的中心，而它的生產製作都集中在這座小島上，箇中原因在於威尼斯過去的建築大都是木造結構，而製作玻璃的過程離不開炙熱的烈焰，爲防發生火災意外，一二九一年威尼斯政府下令將玻璃廠包括危險的鍋爐全部遷移到穆拉諾島上，自此整座島就成爲一個漂浮在水上的大工廠。再者，製造玻璃手藝獨特精妙，爲了防止製造技術的外洩，政府限制玻璃工匠們不得隨意離島，並制定一些嚴苛法律。幾百年來，島上的玻璃工藝技術被家族工匠所壟斷，手藝代代相傳，每間工廠的出品各有各的精彩，作品都是獨一無二的。島上的出品也被冠上「穆拉諾玻璃」的尊稱，可以想見它在玻璃製作上的尊貴地位。

很快地，快艇就靠近小島。它算是旅客必遊的外島之一，其實我已多次到訪過，對它的印象猶新。往日這裡總是一片繁忙景況，成群結隊的旅客乘快艇或水上巴士而來，免不了要到玻璃工廠參觀工匠們展現絕妙技藝，一絲不茍的「吹玻璃」表演，接著再到廠內的陳列室欣賞各式色彩繽紛、造型別緻的玻璃工藝品。當然，旅客們也都會購買一些製成品作爲「伴手禮」。聽說有些玻璃的小玩意並非當地的作品，是產自中國的溫州，不過並未影響玻璃工藝品的銷量，

↑穆拉諾島燈塔

依然受到旅客的追捧。

我這次來到一家百年老廠，受到東家熱情接待，雖然旅客只我一人，然而身爲第四代的家族傳人依舊施展渾身解數，熱情地爲我表演家族的絕活。他的敬業精神令我感動不已，臨行前大解慳囊，特意選購了兩件藝術品留作此行的紀念。

在穆拉諾島看了「藝」，接下來就該去尋找威尼斯的「色」了。我告別玻璃島，再次坐上快艇，高速旋轉的馬達讓快艇在水面上劃出一條白浪水道，下一個目的地是「彩色島」。遠遠就看到岸邊的鐘樓和斜塔，這就是布拉諾島（Burano）。

↑布拉諾島

踏上島後，首先映入眼簾的是五顏六色的小屋，它們都是兩、三層樓的建築物，依水道和窄窄的運河而建。房子外形方方正正，各自粉刷上鮮豔的色彩。經過仔細觀察，我發現儘管每間房屋都色彩鮮明，顏色卻幾乎沒有重複。據說以前島上居民多以捕魚爲生，島民們把房子粉刷成不一樣的顏色，目的是方便識別自己的家。原來五色斑斕的彩色島是這樣應運而生的。另外還有一個說法，由於當地經常遇上大風，居民認爲在外牆粉刷鮮豔顏色，會有「神明」保護，房屋不致被大風吹倒。當然這是穿鑿附會的傳說，並無根據。

後來政府爲了發展島上的旅遊業，甚至規定當地居民每年要把房屋的外牆重新粉刷一次，且不能與鄰近的房屋顏色相同，若要更改顏色，還必須事前向政府申請，經批准後，方能變動。

其實五彩紛呈的房屋並非「彩色島」的最大特色，而是蕾絲（Lace）工藝品的製作。傳說一四八一年著名的藝術家達芬奇曾到訪當時在威尼斯共和國統治下的賽普勒斯島上小鎮 Lefkara，爲米蘭大教堂的祭壇購買一塊蕾絲布，花邊蕾絲的編織技術因而傳入，手藝傳承了一代又一代，成了島上的著名工藝特產，因此小島除了「彩色島」之外，還有「蕾絲島」或是「花邊島」的美稱。花邊蕾絲都是島民用手工編織而成，圖案精美絕倫，幾百年來深得歐洲貴族們的喜愛。可別小看一塊小小的蕾絲，它的價格著實非常昂貴，是一種名貴的工藝品。

布拉諾島範圍小，旅遊業卻十分發達，各家幾乎都有工藝品售賣。可是疫情當前，水巷蜿蜒如故，小島卻格外安靜，只有一艘艘同樣色彩明麗的小艇停泊水道邊，乏人問津。我在小島上走走停停閒逛，偶有幾個行人擦身而過，往日轂擊肩摩的熱鬧擁擠被寧靜祥和取而代之。也多虧了這樣恬適的環境，讓我得以悠閒地用鏡頭從不同的角度留下小島的「豔」照。

國酒與鋼筆之鄉：巴薩諾—德爾格拉帕

義大利人奉格拉帕白酒（Grappa）爲國酒，名氣與中國的茅台看齊，同樣酒精含量很高，從三十五到六十度不等。這種烈酒的故鄉，就在巴薩諾—德爾格拉帕（Bassano del Grappa），一個位於義大利北部威尼托大區的小鎮。

我受北京薇娜利雅紅酒店的黃總所託，乘著旅遊北義時，最好能親臨小鎮，打聽這種義大利酒的銷售情況。如果可行的話，不妨訂購一些，供國內的劉伶品嚐。於是我專程來到風景優美的巴薩諾—德爾格拉帕，小鎮的名字來自東北部的格拉帕山，而格拉帕烈酒的名稱則來自於這座小鎮。進入小鎮後，我第一時間前往酒的博物館 Poli Museo della Grappa 參觀。多台古董釀酒蒸餾機器至今依然運作如常。據館內的介紹，這種格拉帕烈酒的歷史已逾一千五百年，早期農民爲了禦寒，以及消除農務後的疲勞而用，這酒又帶有麻醉和消毒的效用，所以一直受到義大利人的鍾愛。隨著時間的推移，如今格拉帕酒已成了一種流行的餐後酒，據說有幫助消化之效。同時，義大利人會將此酒加入咖啡一起飲用，或在烹飪與烤蛋糕時添加風味。

根據博物館說明，釀製格拉帕酒的原料很普通，就是釀造葡萄酒後殘留的葡萄酒渣，包括葡萄的皮、肉、梗、籽等，將這些東西放進機器蒸餾，並把產生的蒸氣收集冷凝，最後製成這款烈酒，可以說是葡萄渣滓的循環製品，釀製葡萄酒後的副產品，最後居然能演變爲「國酒」，相信連發明這種釀製方法的師傅都始料不及吧！

↓博物館內的釀酒設備

我打聽下來，得知此酒產量有限，每個品牌的產量都不過幾十瓶到幾百瓶，所以只能內銷，未能出口外銷，因此亞洲的劉伶們若要一嚐義大利國酒，唯有親臨義大利了。

小鎮除了烈酒外，還有一樣物品與我的興趣有莫大關係，就是世界知名書寫工具品牌「萬特佳」（Montegrappa）的始創地。我喜歡收藏罕有珍貴的墨水鋼筆，「萬特佳」是我衆多心儀的鋼筆品牌之一。

「萬特佳」這家製造商創建於一九一二年，是義大利歷史最悠久的書寫工具製造商，一百多年來製作出無數工藝卓越的書寫工具，筆桿設計精緻、顏色豐富，再加上珠寶工藝技術，體現義大利獨有風格和技術，在全球享負盛名。我特別喜愛他們限量製作的精品，二十多年來，陸續收藏了多款限量版鋼筆，數量一時間眞的記不清了。

「萬特佳」的始創人是來自德國的工程師海因里希．埃爾姆和來自威尼斯的亞歷山大．馬爾澤蒂，兩人因爲共同的理念而合作成立義大利首家鋼筆製造廠，正是格拉帕小鎮一家改造過的廢棄電熱廠，也是今日的公司所在地。

據說美國小說家海明威是「萬特佳」鋼筆的愛用者，而廠商也因此推出了海明威系列的鋼筆。可惜這次未能到廠房拜訪，下次我該把手上的藏品一併帶來這座「鋼筆之鄉」，親身向製造商討教。

小鎮有名酒，有名筆，眞是個「酒」、「才」兼備的古鎮。

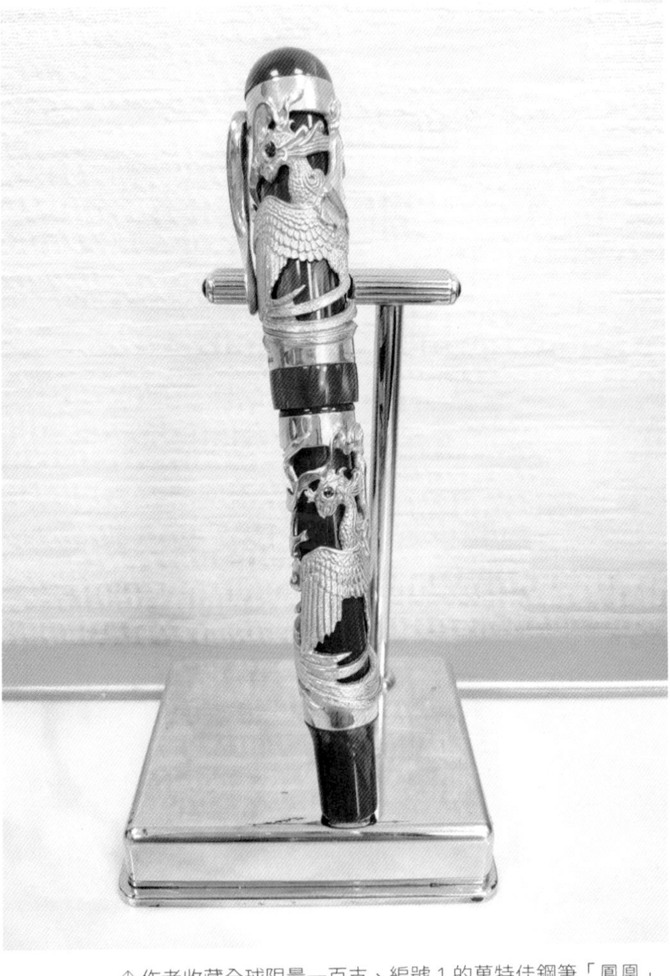

↑作者收藏全球限量一百支、編號 1 的萬特佳鋼筆「鳳凰」

1 阿爾皮尼古橋與布倫塔河

2 建在山坡之上的烈士大道

3 古城堡內的教堂

離開酒博物館後，我漫步鎮上，給我的印象是既古舊寧靜，又生氣盎然。全長一百七十多公里的布倫塔河（Fiume Brenta）穿城而過，緩緩流動的河水清澈，爲小鎮添上一股靈氣。阿爾皮尼古橋（Ponte degli Alpini）橫架河上，是文藝復興時期建築大師安德烈・帕拉第奧（Andrea Palladio）的成果，它是一座木質結構的廊橋，如正反兩個三角形交疊的橋墩設計非常特別。木廊橋曾經歷過滄桑變遷，多次毀壞又多次重建，幸好仍然恢復幾百年前的舊模樣，就如同這座遭遇過多場戰事的小鎮，廊橋彷彿小鎮的靈魂，當地人民沿河生活，一派「小橋流水人家」。

除了名酒和鋼筆外，其實小鎮還是一處手工瓷器藝術之鄉，旅客可以在此挑選帶有義大利特色的製品。我對陶瓷製品最熟悉不過，所以並未停下來慢慢欣賞。鎮上還有一間陶瓷博物館，就設在布倫塔河東岸，記錄陶瓷工藝的歷史。

建在小鎮山坡上有一條烈士大道（Viale dei Martiri），從路的名稱大概也能猜到它的故事。二戰期間，一隊活躍在格拉帕山區的義大利反法西斯遊擊隊被德軍突襲，其中三十一位隊員被德軍俘虜，處死後吊在這條路上嚇唬當地人民。這條路的名稱就是紀念這些反法西斯主義的烈士，如今成了巴薩諾最美的一條林蔭大道。往高處走去是一個古城堡遺址（Castello degli Ezzelini），不過僅存一座高塔、一間教堂和一家歌劇院。我站在觀景台上，遠處峰巒起伏，林木茂密，許多樹木已開始換上了秋裝，與小鎮房舍的紅屋頂相間。

返回鎮上，鎮中心三個廣場相距不遠，行人稀疏，更顯得寧靜。廣場上有根柱子上是雙翼獅子的雕像，代表曾受過威尼斯共和國統治。另外市民博物館內保存了當地從中世紀到十九世紀的各種繪畫史料，還有珍貴圖紙等。附近也有好幾座教堂和塔樓，雖然教堂裡面有不少精美的壁畫，不過在疫情下，全都無法欣賞。

小鎮距離威尼斯不過一個多小時，卻少為旅客所知。日後大家來威尼托大區時，不妨將小鎮列入行程之中，品烈酒，探索鋼筆工藝，欣賞古廊橋和小鎮風光，感受這裡的詩情畫意。

1 聖喬瓦尼巴蒂斯塔教堂

2 聖方濟各教堂

3 加里波底廣場

藝術的搖籃：帕多瓦

帕多瓦（Padova）對於很多遊客來說是陌生的，名氣比不上「永恆之城」羅馬和「歐洲的藝術明珠」佛羅倫斯，然而英國的戲劇大師莎士比亞對它卻有很高的評價。莎翁在其劇本《馴悍記》中寫到「我多麼渴望著有一天能造訪迷人的帕多瓦——人文淵藪、學術搖籃……我終於來了……來到帕多瓦，就像離開了淺小的池沼，縱身躍入知識的汪洋大海中，我在之中盡情暢遊！」

今天我就衝著莎翁這番評語，來到位於威尼托大區的帕多瓦。威尼托大區位於義大利東北部，過去我對它的認識大抵都與威尼斯有關，我對「水城」鍾愛有加，每每被它千年榮耀的建築，以及狂歡的面具節所吸引，卻忽略了這大區內的帕多瓦古城。

有三千多年歷史的帕多瓦古城是義大利北部最古老的城市之一，在歷史的長河中不斷發展，匯聚和培養了很多歷史名人，與「學習之都」波隆那不遑多讓，同樣在學術界上各領風騷。

↑帕多瓦鐘樓

帕多瓦大學（Universita degli di Padova）是義大利歷史第二悠久的大學，建校於一二二二年。由於當時波隆那大學限制學術自由，造成大批教授和學生捨波隆那大學而去，帕多瓦大學於焉成立，以捍衛學術自由成爲該校的宗旨，並把「爲帕多瓦、宇宙以及全人類的自由而奮鬥」（Universa Universis Patavina Libertas）寫進校訓裡。八百年來，大學從未忘記初衷，並在很多學術領域上都培養出不少出類拔萃的學生，例如發表《天體運行論》的尼古拉・哥白尼（Nicolaus Copernicus）、發現血液循環的威廉・哈維（William Harvey），以及世界上第一位大學畢業的女性埃琳娜・盧克雷齊亞・科爾納羅・皮斯科皮亞（Elena Lucrezia Cornaro Piscopia）都是帕多瓦大學的知名校友。慕名而來的學生負笈千里，大學知名度越來越高，世界著名的學者紛至沓來。這讓我想起蔡元培擔任校長時期的北大，也做到「囊括大典，網羅眾家，思想自由，相容並包」。目前每年有大學生六萬多名，其中義大利學生占95%，其餘來自世界各地。

帕多瓦是一座大學城，大學的校舍建築分布於市中心多處，而學生人數則占城市人口的30%，可想而之城市充滿濃厚的學術氛圍。我漫步於大學校區，

↑帕多瓦大學博宮

見到充滿歷史感的壁畫、雕像、與柱廊式的古建築。博宮（Palazzo del Bo，或譯爲牛宮）是帕多瓦大學的總部所在，裡面有全世界第一個解剖劇場。一面牆壁上掛著很多石牌，銘刻傑出校友的名字。這讓我回想到我在香港崇文英文書院（Literary College）唸中學時，學校的大堂走廊都掛著一列木牌，同樣記錄每年參加會考獲得優異成績的同學名錄，以此來鼓勵莘莘學子向先進學長學習。

↑帕多瓦大學政治學系的所在建築

在校園內與市政廳前，我見到很多頭載花冠的應屆畢業生，接受親朋戚友的道賀，畢業生們個個喜上眉梢，能夠在這樣一所相當不易畢業的學術搖籃中脫穎而出，我暗自祝福他們跟隨前輩導師伽利略·伽利萊（Galileo Galilei）的足跡，在各項領域中作出貢獻。

說到伽利略·伽利萊，這位擁有「現代觀測天文學之父」、「現代科學之父」等稱號的天文物理學家曾任教於這所大學達十八年之久。在任教期間，他發表了慣性原理，並發明溫度計的前身，改良望遠鏡等，這些與人類生活息息相關

↑河谷草地廣場

的理論和儀器，影響深遠。二〇二〇年開始的新冠肺炎，人們每天都要用溫度計測量體溫，更深刻感受到他的貢獻。

能代表這座城市的當然不只一所大學，城市本身也是豐富多彩。城內有一座全義大利最大的廣場，占地九萬平方米，名叫河谷草地廣場（Prato della Valle）。廣場被一條橢圓形的運河圍繞著，並有七十八尊純白色雕像點綴其間，這些雕像人物並非泛泛之輩，都是響噹噹的歷史人物，其中一尊就是鼎鼎大名的伽利略。根據原先的設計，一共準備放置八十八座雕像，

个河谷草地廣場旁的聖儒斯蒂娜聖殿

但有些尚未完成，有些則在法國拿破崙占領時遭到損毀。純白色的雕像倒映在清澄的運河上，非常搶眼。廣場以往聚集許多散步、野餐和曬太陽的市民，如今只有三兩個人。

從大廣場一直往前走，就可以看到聖安東尼大教堂（Basilica di Sant'Antonio），帕多瓦的地標建築。教堂始建於十三世紀，到十四世紀初才完工，用來供奉傳道者聖安東尼的遺骨。這兒是羅馬教廷認證的世界八大朝聖教堂之一，朝聖者來自世界各地。大教堂的建築很有趣，融合了羅馬式和哥特式的風格，且有典型拜占庭風格的圓頂，整體呈現出多元化的面貌。

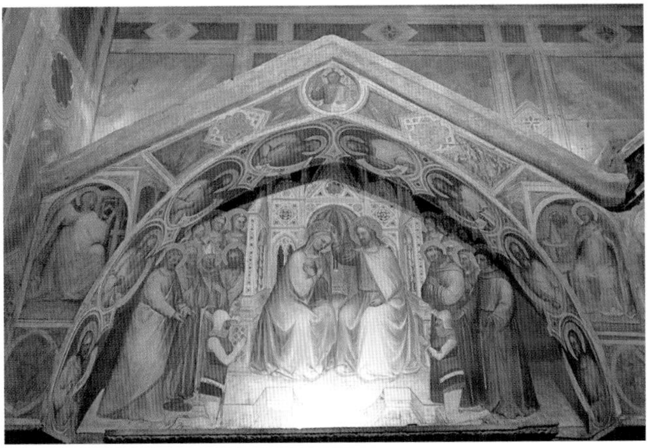

1 聖安東尼教堂

2 教堂內的壁畫

聖安東尼大教堂外面是一條筆直道路，直通市中心，主街是中世紀時期建造的，在導遊解釋下，才知道一側是羅馬時期留下的老建築，而另一側是文藝復興時期的精緻建築。我穿行期間，彷彿遊走在兩個時空中，十分有趣。帕多瓦經歷過多次戰亂，幸好整體的城市結構並未被嚴重毀壞。拱廊式的建築好似騎樓，連接錯綜複雜的街道，一些袖珍的小店開在鋪設鵝卵石的小巷弄間，有宏偉的建築物，也有老舊古樸的民宅，視覺上並沒有衝突，顯得和諧自然。

除了頗富盛名的聖安東尼大教堂，帕多瓦市區古競技場遺址內，還有一座不得不提的斯克羅威尼禮拜堂（Cappella degli Scrovegni），這座羅馬風格的禮拜堂外表看起來平平無奇，使它眞正揚名的是「文藝復興繪畫之父」喬托．迪．邦多納（Giotto di Bondone）的壁畫。從天花板到牆壁塡滿了聖經裡的故事，畫與畫之間相連沒有中斷，相當壯觀。而中央牆上所繪的《最後的審判》，地獄的場景更令人印象深刻。最具顚覆性的是喬托讓原本高高在上的神變得「人性」化，悲喜鮮明，人物充滿生活情趣，臉上的表情沒有過去那麼呆滯，且物體間也有景深的空間與立體感。這座禮拜堂的壁畫被視爲西方藝術中的偉大作品，參觀欣賞這座禮拜堂也成爲很多人來帕多瓦的原因。

↑主教座堂（左）與洗禮堂（右）

導遊表示，別看帕多瓦規模不大，值得參觀的景點、教堂和博物館多著呢！例如帕多瓦主教座堂和洗禮堂，尤其是洗禮堂裡面的壁畫，更有歷史價值。主教堂很古老，建於三一三年，曾遭受地震摧毀，後來重建成羅馬式建築，是根據米開朗基羅的設計為基礎進行調整來建造。洗禮堂內的壁畫正在維護中，只能看到其中一部分，卻已讓我感覺被壁畫所包圍。壁畫是朱斯托・德・梅納布瓦伊（Giusto de Menabuoi）在一三七五到一三七八年之間繪製的，歷史相當悠久，內容同樣是聖經相關的故事。頂端以同心圓的方式繪出耶穌、聖母與聖徒們，十分震撼。

↑洗禮堂內的壁畫

↑佩特羅基咖啡館

導遊還領我來到一家古老且外觀典雅的佩特羅基咖啡館（Caffe Pedrocchi），它開張於一八三一年，被稱爲「沒有門的咖啡館」，因爲直至一九一六年，它是帕多瓦唯一一間不關門打烊，隨時迎接客人的咖啡館，因而聞名義大利。裡面空間很大，隔成許多不同的包廂，一樓分別有白廳、紅廳、綠廳和八角廳，二樓又分爲依特魯里亞廳、希臘廳、文藝復興廳、埃及廳、拿破崙廳等等。導遊說平日座無虛席，不過疫情下無一倖免，十廳九空。

↑理性宮及市場

一八四八年，咖啡館曾經發生一個事件。帕多瓦大學生與市民經常在館內聚集，討論時政。當時反奧地利統治日漸高漲，就在二月八日當天，奧匈帝國的士兵與市民和學生發生衝突，甚至衝進咖啡館開火。最後整起事件造成數十人受傷，多人死亡，死者包括一名在咖啡館的學生。如今咖啡館的白廳牆上還留有彈痕，以及記錄此事件的銘牌。這場事件使學生奮起反抗，展開了街頭抗爭，並掀起後續一連串的民族復興運動，甚至擴散到其他城市與國家，令我不禁聯想到中國的「五四青年運動」。

另一處不可錯過的是中世紀的香草廣場和水果廣場（Piazza delle Erbe & Piazza della Frutta），平日早晨是水果及蔬菜市場，算是庶民中心，非常熱鬧。兩座廣場相鄰相通，中間隔著巨大且屋頂如船形的大會客廳（又叫理性宮）。大會客廳用底層的立柱來支撐住整座建築，並沒有主力牆作爲承重，是世界上同類型建築中規模最大的一座，看到後令人嘖嘖稱奇。

↓理性宮一樓的各式商店

棋盤小鎮：馬羅斯蒂卡

中國人下棋講究凝神靜思，講究厚積薄發，講究「觀棋不語」、「落棋無悔」，下棋需要思考縝密、鬥智鬥力。

義大利威尼托大區內則有座獨一無二的「棋盤小鎮」，叫馬羅斯蒂卡（Marostica），城內外景觀大不相同，城外是現代化的建築，城內是中世紀風格。兩座城堡分別座落在山崗上和小鎮內，連接城牆的是一條沿山而建，不失古風的「長城」。

馬羅斯蒂卡古鎮中央是一個棋盤廣場，以紅白大理石鋪設在地上，如一個巨型的國際象棋（又稱西洋棋）棋盤。這棋盤的背後是一個浪漫溫馨的愛情故事：中世紀時小城的領主有兩位花容月貌的女兒，大女兒叫莉奧諾拉（Lionora），小女兒叫奧莉德拉達（Oldrada）。城中有兩位青年俊傑同時

个棋盤廣場及後方的「長城」和上城堡

愛上了大女兒，決定採用決鬥的方式一爭勝負。事情傳到了領主耳裡，這位仁慈又愛才的統治者不希望他們當中任何一人因此喪命，遂提議通過國際象棋比賽來定勝負，贏的可以娶走大女兒，輸的可以娶小女兒。爲示公平，他下令在廣場上畫好棋盤，以眞人眞馬扮做棋子，讓兩位年輕人在所有居民的見證下舉行對弈，領主用自己的智慧避免了一場無謂的傷亡，結果自然是兩全其美。

不僅這段佳話流傳下來，一起傳承的還有「活人棋賽」

這種別緻的比賽方式，並成爲小鎮的活招牌。每逢雙年的九月第二個周末，小鎮會舉辦一場盛大的「活人棋賽」——國際象棋眞人大秀。參與者們按照傳說故事，身穿中世紀的服飾，裝扮成領主、領主女兒、對弈的青年、士兵、旗手、表演者等等，就連棋盤裡的「活人棋子」，包括王、后、車、象、馬、兵，同樣是中世紀的打扮。過程中，對弈者按局勢變幻排兵布陣，棋盤內的「活人棋子」也根據對弈者下的每一步不停移動，直至終局。這場盛事吸引來自義大利其他城市，甚至是世界各地的旅客前來，小鎮萬人空巷。伴隨音樂、煙火與古裝表演，大家一起沉浸在中世紀的氛圍中。

1 古鎮裡的下城堡

2 城內是中世紀風格的建築

3 棋盤廣場

愛之城：維羅納

城市是需要故事的，歷史名城也好，文化古都也罷，每一個城市都有故事，吸引著一代又一代聽故事的人奔赴發生地。羅密歐與茱麗葉的故事可謂無人不知無人不曉，這一個愛情悲劇的發生地，就是位於威尼托大區的維羅納（Verona）。

維羅納是義大利最古老的城市之一，有兩千多年的悠久歷史，在二〇〇〇年入選聯合國教科文組織世界遺產名錄，是極少數以一座獨立而完整的城市而獲此殊榮的，也難怪我來了一次就上癮，一再回訪。在這次疫情期間，已經是我第四次訪遊，可算是對該城市情有獨鍾！

我發覺亞洲旅客對這城市的興趣不大，估計這裡並非購物中心是主要因由。相反地，歐美年輕情侶受到維羅納故事的感染，爲了探尋傳說中茱麗葉和羅密歐的足跡，將這座「愛之城」（The City of Love）作爲他們朝聖之旅。

↑茱麗葉故居擠滿參觀的人群

茱麗葉故居位於維羅納市中心，是一座典型的中世紀建築，高牆大院，圓形拱門有些陳舊，我此次已屬第四度訪遊。原以爲疫情因素，應該門可羅雀，哪想到來故居參觀的旅客人數衆多，非常擁擠，在門口就已排起長龍，耐心等候入內。猶記得前三次旅客很少，跟今天所見到的場面完全不同。可能情侶們有感「疫後餘生」，故來到故居聊作一種慰藉。

我對故居再熟悉不過了，便跟著人龍步入庭院。一座茱麗葉青銅塑像豎立在庭院裡，她下垂的右手臂以及右胸位置顯得格外鋥亮，不知道被人們撫摸了多少次，因爲據說撫摸右胸會帶來好運。情侶們愛在銅像前表達愛意，默默地祈求百年之好，或是爲了紀念到此一遊而在銅像前等待拍照。我也不免俗，卽使隻身一人前來，也尋得好位置第四度留影。羅密歐與茱麗葉的愛情雖然是悲劇，卻感動鼓舞著一代又一代的年輕人爲愛奔赴。具有歷史感的庭院古色古香，至於右上方則有一座陽臺，正是劇中兩人互相表達愛意的地方。旅客進入庭園是免費的，若想要進入屋內參觀茱麗葉與家人生活的場景，或是到約會陽臺留影，則需付費。今天人滿之患，我就打消進入故居的念頭，離開了愛情悲劇之家。

不過相隔只有一條街，就是羅密歐的故居（Casa di Romeo），今天是一處私人住宅和倉庫，不對外開放。門前設置一塊牌子，標記是「羅密歐的故居」，這兒卻門庭冷落，旅客多半不知道還有這一處。房子正面一塊牌子上寫有莎士比亞劇中一段不朽台詞：「噢！羅密歐，羅密歐！你在哪兒？」「噓！我已迷失自己，不在此地，再也不是當年那個羅密歐了，他已在他方。」

1 羅密歐故居

2 茱麗葉雕像

1 領主廣場上的執政官官邸

2 百草廣場周圍的古老建築物以及牆上的壁畫

3 集市柱是政府宣讀政令和判決的重要地方

從茱麗葉故居往前走，來到一處多姿多彩的百草廣場（Piazza delle Erbe），這裡曾是羅馬時代政治集會、市民仲裁的公共場所，廣場上由四根柱子組成的「集市柱」（Capitello 或 Tribuna）是政府宣讀政令和判決的重要地方。廣場最大的亮點，是周圍的古老建築物以及牆上的壁畫，這些中世紀到文藝復興時期留下的老建築融合了多種不同的建築特色，儘管有些牆壁已顯斑駁，帶了時間的滄桑氣息，它們的古韻卻沒有絲毫褪色。廣場中央有一座古老的維羅納聖母噴泉，建於十四世紀，聖母像本身更是四世紀羅馬時代的雕塑，外型相當完好，從這裡也能看出當地政府對古城維護的用心。另外還有一根柱子上矗立著聖馬可飛獅，昭示這城市曾受威尼斯共和國統治。今日的廣場成爲市集所在地，經常擠滿採買的人潮。

另外也別錯過在百草廣場隔鄰的領主廣場（Piazza dei Signori），又稱爲但丁廣場，因爲廣場中心位置豎立了一尊以史詩《神曲》流傳後世的義大利詩人但丁（Dante Alighieri）雕像。百草廣場與領主廣場之間的市政宮（Palazzo del Comune）建於十二世紀，從中庭踏上一條優雅的長階梯，可步上過去的司法官辦公室，也是拍照取景的理想地。附屬於市政宮的朗貝爾蒂塔（Torre dei Lamberti）高八十四米，搭乘電梯直上頂端，維羅納老城風光盡在眼前。

1 市政宮與朗貝爾蒂塔

2 領主廣場上的但丁像

3 布拉廣場

A
DANTE

「愛情故居」並非維羅納最主要的景點，古城留下了許多古羅馬的遺蹟，又有「小羅馬」之稱。當年古羅馬軍團殺伐天下，四處征戰，在開疆闢土之餘，也建起一座又一座的競技場，如今世界上僅存六座羅馬競技場，維羅納就擁有其中的一座。維羅納圓形競技場（Arena di Verona）今天依然在使用中，成爲義大利最著名的大型歌劇表演場地。它位於市中心的布拉廣場（Piazza Bra）上，建於公元三〇年，甚至比最著名的羅馬競技場還早。競技場曾在一一一七年的大地震中受到嚴重損毀，之後修復成如今的樣子。劇場的外觀立面分上下兩層，各有七十二個拱門，十分宏偉壯觀，階梯狀的觀眾席以石塊組成，總共有四十四階。競技場每年六到八月都會舉辦歌劇節，目前爲安全起見，原來可容納三萬名觀眾，縮減至不到兩萬人。也是疫情關係，歌劇節暫停舉辦兩年，幸而在二〇二二年重新搬上舞台。據說歌劇表演場場爆滿，所以大家未來若想坐在近兩千年前的競技場石階上欣賞表演，別忘了提早訂票。

1 圓形競技場

2 競技場內部

个佩雅托橋

一條阿迪傑河（Riva dell'Adige）穿城而過，河上有座佩雅托橋（Ponte Pietra），最初的橋身是木製的，公元前一世紀改建成石橋。從橋身石塊深淺不同的顏色及拱門樣式，可以分辨出是不同時期的建造，兩個拱門可以追溯到羅馬時期，一個是文藝復興時期，另兩個則在威尼斯統治期間。由於橋面已呈些微彎曲，所以禁止車輛行駛，只供人行。橋墩只有一個是原來的，其餘在二戰時期被撤退的德國軍隊炸毀，直到一九五七年盡可能以原本的材料重建。儘管此橋命途多舛，最終還是保存了下來，作爲城市活生生的記

↑阿迪傑河

憶。我也多次站在橋上，多角度欣賞兩岸風景。

維羅納將許多不同年代的產物完好融合在一起，過往與現代交疊，新與舊並沒有明顯的分界，一個雅致大方、充滿故事的城市。「在維羅納的城牆以外，沒有別的世界。（There is no world without Verona walls.）」文學大師莎士比亞借羅密歐之口，評價了這座城市。

我還乘搭對岸的登山纜車前往觀景台，與成雙成對的情侶一起鳥瞰河道兩岸，這時我發覺架在河上的石橋，跟瑞士以及許多義大利城

鎮的橋一樣，都有攔水的功能，幫助疏通，以免造成泛濫。看來歐洲國家這類設計都如出一轍，有異曲同工之妙！

這天雖是第四度訪遊維羅納，不過每次時間都相當緊迫，拜訪的景點累加起來，還未能一窺全貌。看來要想多了解「愛情之城」的精髓，必須留宿兩天才成。

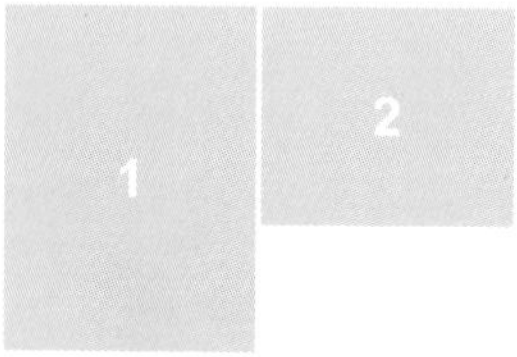

1 維羅納街景

2 從觀景台鳥瞰維羅納

雄奇獨特的多洛米蒂

多洛米蒂山脈（Dolomiti）位於義大利東北部，跨越三個大區：弗留利—威尼斯朱利亞大區、特倫蒂諾—上阿迪傑大區和威尼托大區。它是阿爾卑斯山的一部分，共有十八座超過三千多米的高峰，占地面積達十四萬公頃，山體由淺色白雲石構成，是一種類似石灰岩的碳酸鹽岩，岩石的學名就叫 Dolomitic limestone，因此多洛米蒂山也常被翻譯成白雲石山。這裡豐富多變的自然景觀，及其在地質研究等方面的價值，使之於二〇〇九年被列入聯合國教科文組織世界自然遺產名錄。別具特色的群峰、幽靜美麗的河谷、靜謐的湖泊和綠茵的草甸組成了這個眾多戶外徒步愛好者夢寐以求的伊甸園。

風光明媚布萊埃斯湖

我的多洛米蒂之旅先從布萊埃斯湖（Lago di Braies）的環湖徒步開始，

↑布萊埃斯湖

儘管這裡已經成了網紅們的打卡勝地，但持續的曝光度並沒有影響它的美，反倒是那些上傳至網路上加了層層濾鏡的「美圖」讓它失了「眞」。這次我親歷其境，現場感受毫無修飾的布萊埃斯湖，它「純眞」的狀態才最動人。此湖距離奧地利邊境不到三十公里，海拔高1,496米，乃座落在群山之中的高山湖，

幽深的湖水倒映著遠處崢嶸的群山雪峰，山水秀麗，風景優美，難怪每年四季都吸引來自歐洲各地的旅客，爭相到這裡打卡。我來時正逢假日，旅客蜂擁而至，

不過跟疫情前卻有雲泥之別，旅客大多來自德、法等地，從他們大咧咧的狀態，似乎已經完全不把疫情當一回事了。

要完成這條全程約三點五公里的徒步路線，一圈下來不緊不慢大概一個半小時。我順著湖畔小徑，邊走邊欣賞山色湖光。布萊埃斯湖不單水質清澈，而且無論從哪個角度望去都是「水皆縹碧，千丈見底」。湖並不大，卻擁有天然質樸的美，沒有人工刻意的雕琢，令人陶醉。我眞想縱聲高歌，可又怕打擾別人的清靜、和諧的氣氛，唯有步履不停，安靜地遨遊湖區。

布萊埃斯湖背靠雪山，周圍樹木正是「橙黃橘綠時」，變成一塊天然的調色板。就在此時湖上泛起幾條小舟，「滿載一船秋色，平鋪十里湖光」，我毫不遲疑，立刻抓起相機，用鏡頭捕捉這最美的一瞬間。

布萊埃斯湖旁邊還有多個湖泊，一個接著一個，有的略大，也有較小的，如安托諾湖（Lago d'Antorno）、密蘇里納湖（Lago di Misurina）和卡瑞扎湖（Lago di Carezza）等。雖然山光水色絲毫不差，但始終因爲名氣遠較前者遜色，所以遊人更稀少。風景名勝本是自然天成，卻難逃在人類世俗眼裡被分成「三六九等」，其實只要經過包裝，拍些美景，寫寫介紹文章，再串

↑安泰賽爾瓦湖

連一些故事，不出一年半載，什麼湖皆可以揚名天下了。不過對我來說反倒是件好事，無人風景景更美。我沿著湖邊一路且拍且行，轉眼又見到另一湖，猶如西藏阿里地區遇到的「一措再措」（註：「措」在藏語是湖的意思，「一措再措」代表一座湖接著一座湖）。這一帶山中湖的自然景色無窮無盡，山麓、森林和湖景融合在這個顏色濃烈的季節裡，美得讓人爲之動容，戀戀不捨。我感到這景致相當眼熟，猛一醒覺，不正正是林風眠大師的風景畫嗎？

↑卡瑞扎湖

三尖峰和五塔山

司機再把車駛到一處，據說能看到多洛米蒂十分有名，又是地標之一，世上獨一無二的拉瓦雷多三尖峰（Cime di Lavaredo）。我之前經過時，都因爲濃霧籠罩，未能看清楚。三尖峰被稱爲「多洛米蒂的珍珠」，海拔接近三千多米高，中間最高，兩邊稍矮，分別是小峰（Cima Piccola）、大峰（Cima Grande）和西峰（Cima Ovest）。

可惜的是，來此看到的又是被雲層遮擋住的三尖峰，同樣未能看清全貌，但即使只能窺見三尖峰的部分，已讓我感受到它們高峻挺拔的氣魄。

↑五塔山

我耐心等了好一會兒，依然未見風吹雲散，只好怏怏然離開，聆聽司機的片面介紹：三尖峰形似鋸齒般排列，外表光禿而雄偉奇特，讓人忍不住聚焦於此。

多洛米蒂山的東段，還有一個標誌性的景點，是由一組群山組成的五塔山（Cinque torri）。五座獨立的岩體都是白雲岩的地質結構，呈現相當獨特的淺灰色。幾座山峰彷彿五塊從天而降的巨石，形態極富特色，渾然天成。

我們再度屏息靜候，等待繚繞的雲層散去的一刻，好讓我補回三尖峰的遺憾。終於皇天不負有心人，雲散天開，五塔山亮出真身，真教我喜出望外，立即爭取最佳位置拍下它們奇獨的面貌。這組自然岩山的模樣奇特，十分難得，倘若不是如此巨型的大塊頭，我還眞想要收羅回去，豐富我的奇石藏品。

熱心的司機還開著車，繞了不少山路，讓我盡量從各個角度把多洛米蒂的景色看個夠。當他知道我愛拍攝，又喜歡用文字記錄下來與友人分享，更是興致高昂，期望我能將此山神奇的地方毫無保留地描寫出來，可惜我蕪詞拙筆，徒汗仙眼耳。

冬奧理想地：科爾蒂納丹佩佐

我今天來到多洛米蒂山一條有名的登山徑，當天天氣甚差，霧氣氤氳，秋雨紛飛，視野所及皆是白茫茫一片，山在雲中若隱若現。我所在之處海拔2,168米高，很難拍到什麼風景，唯有暫且放下手中的相機，在山中小徑緩緩而行，靜候雨停霧散，看是否還有機會拍攝到多樣的風景。

多洛米蒂被義大利人稱爲「上帝遺留在阿爾卑斯山的後花園」。在多洛米蒂，根本沒有所謂的「壞天氣」，無論陰晴雨雪何種天氣，大自然都能呈現不

↑ 三尖峰

同的美姿美態。當我在山中行進間，霧氣稍微散去一些，視野開始清晰起來，映入眼簾是豁然開朗的秀麗山巒，群峰形態獨樹一幟，魅力絲毫不遜於世界各地的名山大川。

山下有多個小鎮，其中一個叫做科爾蒂納丹佩佐（Cortina d'Ampezzo），僅有六千左右的人口。然而此鎮不可小覷，其實大有來頭！它四面環山，所在的山谷形似碗狀，在十九世紀末，被德奧貴族和英國登山者發現，由於景致太過美麗，被讚譽爲「多洛米蒂王后」。此區也是極富盛名的天然滑雪場，不過當一戰爆發後，山區一切活動被迫戛然而止。直到一九五六年，小鎮再度驚豔世人，那一年的冬季奧運會就在這裡舉辦，同時一躍成爲眾多電影的拍攝取景地，最著名的包括一九六三年《粉紅豹》（Pink Panther）系列第一集以及一九八一年由羅傑・摩爾（Roger Moore）主演的《007之最高機密》（007：For Your Eyes Only）。

無獨有偶，這個曾經的奧運小城，夥同米蘭將成爲下一屆冬奧會的舉辦地。大家應當不會忘記二〇二二年北京冬奧會閉幕式上的「八分鐘」演出，傳遞了城市與自然之間的對話，宣傳小鎮恬靜而又浪漫的氛圍，與北京大城市氣派，

↑下屆冬奧比賽場地

可說是大相逕庭，擁有完全不同的魅力。相信屆時科爾蒂納丹佩佐小鎮將再次成爲全世界的焦點，我也與它訂下來屆冬奧之約，再來體驗它無邊的「美色」。

小鎮在一戰前隸屬於奧地利，戰後才納入義大利版圖，因此鎮內建築依舊帶著德奧風格，當地人也以德語和拉定語（Ladin，多洛米蒂山區常用的語言）爲主要語言。科爾蒂納丹佩佐小鎮座落在海拔高一千兩百米的山坡上，沿著山路，行在雲下。這兒擁有豐富植被，茂密的樹林在這個季節悄悄換上顏色，估計再過一個月，紅黃橘綠盡在山中。

鎮上的制高點是一座舊教堂，雖然在疫情中，仍然有市民步入教堂做禮拜。在當地人生活的中心區，有一條溪流緩緩流過，此情此景，簡直是天設地造的寫生題材，讓我頓時遺憾沒有邀請擅於繪畫的老友原國家博物館陳履生館長同遊，想必他見到眼前「桃花源」美景，定會忍不住揮筆灑墨，將這片美好留在紙上。若能作畫後送我留念，那就更好不過了。

此時雲海已全部打開，空氣更顯潔淨，原始美妙的自然之景，爲我提供了豐富的拍攝素材，但相機裡記錄的美不過是鳳毛鱗角。若非已屆黃昏日落，我眞渴望在這裡多停留片刻，如此旖旎風光，眞是怎麼也看不夠。

一山有四季

「山中歲月長」，我在多洛米蒂山中遊蕩不覺已到第五天。這天早上一起床，發現窗外白茫茫一片，昨天卻連一點點徵兆都沒有，這個驚喜來得猝不及防，我房間外的露臺覆上皚皚白雪，厚達四到五公分。我邁步出去，輕輕踏上去，在雪上烙下深深的印記。機不可失，我匆匆用過早餐，趁著外面的雪還未停下來，背著相機快步出了酒店。

1 鎮內建築多帶有德奧風格

2 鎮內制高點是一座教堂

↑一夜大雪之後的露臺

在此不得不感謝臺灣亨強旅行社陳總的關照，千方百計才在整座旅遊區中找到疫情期間唯一繼續營業的 Dolomiti Wellness Hotel Fanes，讓我得以到山中遊覽。位處深山之中的酒店，四面環山，綠茵處處。酒店本身的內部裝飾並非豪華取勝，反而帶有山居歲月的恬靜。外面有片大草坪，本來可以讓我一展無人機航拍技術，卻因風大只能放棄，平白浪費我遠程的攜帶。這裡還有一個露天的「天池」（Sky Pool），我前幾日入住時也沒有錯過機會，換上泳裝，躍進池裡，暢泳一番。

1 山中雪景

2 酒店的直升機停機草坪與周遭風景

↑多洛米蒂山區秋景

突如其來的變天令我無比興奮，我漫步在雪中，回頭看著留在雪地上的腳印，就能感受到前一晚的雪落得有多大，積雪有多深。回想前一天，我們駕車繞山行走時，林木色彩豐富，襯著萬里晴空，孰料一夜之間卻換了人間，不僅樹木白了頭，廣闊大地更是色彩頓失，成了一片黑白世界。

此時雪未停歇，甚至越下越大，我在東北雪鄉時都沒親身經歷過這麼大的雪。酒店的屋頂、門窗、走廊的欄杆，還有庭院擺放的椅子上全都覆蓋一層厚厚的積雪，旁邊的水池也早已結冰。

↑諾瓦切拉修道院

所幸簌簌落下的雪未到中午就停了，留下壯麗的雪景，目之所及，天地間皓然一色。世界彷彿陷入無邊的寂靜中，就連時間似乎也暫停在這一刻。

司機靈光一閃，提議到波札諾（Bolzano）省的山中小村走走。波札諾鄰近奧地利邊境，同樣是在一戰後被併入義大利，現在屬於義大利的德語區。因爲歷史因素，波札諾的房屋建築風格偏向奧地利，且有不少城堡和博物館。當地是蘋果種植地，據稱有超過20% 的蘋果從這裡出口到歐洲。

↑修道院旁的葡萄園

目前村裡義大利後裔和德奧後裔比例約爲三比一。這兒的景致不算很有特色，勝在「阡陌交通，雞犬相聞」那種遠離車馬喧囂、回歸自然的寧靜。村裡有座規模不小的諾瓦切拉修道院（Novacella Abbey），其教堂的內部裝飾超乎預料的華麗氣派，即便我一路走過米蘭、威尼斯等大城小鎮，見識過各個地區的教堂，眼前這隱居在山中的教堂一點都不遜色，我在這個自然質樸的小村裡意外發現如鑽石般閃爍耀眼的教堂，驚喜交集。

修道院本身也擁有一座創立於一一四二年的葡萄酒莊，前面則是一片廣闊的葡萄園，遍布山坡。此時天空仍未放晴，葡萄園後面的多洛米蒂山依然被雲層所遮掩，變幻莫測的雲霧，如薄紗輕緩地拂過。一般印象中，我們把葡萄酒與法國劃上等號，但其實法國並未獨占鰲頭，世界上約有30%的葡萄酒產自義大利，當地的酒也是非常出名，雖然我這次並未品嘗，不過大家有興趣的話，不妨來這裡探索一番。

在多洛米蒂的這幾日，有幸經歷了山中的陰晴雨雪，體驗四時之樂，可謂「四時之景不同，而樂亦無窮也」。人在山中，清靜自由，再待上幾日，我恐怕真要「不知有漢，無論魏晉」了。

雙語小鎮：卡斯泰爾羅托

有人說，上帝把阿爾卑斯山脈最美的風景給了義大利，而義大利把最美的阿爾卑斯山脈留給了多洛米蒂。作爲阿爾卑斯的後花園，神奇的多洛米蒂就是一幀幀流動的明信片，雖然享有盛譽，成了歐洲人享受生活的度假勝地，不過亞洲旅客對這個地方知之甚少。

我七月在米蘭時，遇到老朋友周小燕大姐，透過她精彩的介紹，知道當地風景秀麗是筆墨難以形容的，讓我產生探索的興趣。當時便衝動地想要立刻走一趟，然而只有兩天的空檔，酒店表示時間太短無法安排，只好作罷。待十月重返米蘭，這次準備充足，就非去不可了。

多洛米蒂之行可以稱得上是我的發現之旅，最難得的是在短短五天的行程內，見到了四季的風景，融合在同一個天地間。毫不誇張地說，我認爲這裡的山景他處無出其右，更不用說它是多少徒步者的戶外天堂了。

離開多洛米蒂下山時，我意外地發現一個小村莊卡斯泰爾羅托（Castelrotto/Kastelruth），其實在山上時早就隱約見到這兒如夢似幻的景色，可惜那時被雲海遮住，看得不夠眞切。待到走近小鎮後，才得以見到眞容。

卡斯泰爾羅托是一個中世紀小鎮，於休斯山（L'Alpe di Siusi）以西，休斯山是多洛米蒂山脈的山峰之一。司機說卡斯泰爾羅托是阿爾卑斯山脈一帶最大的村莊，同很多多洛米蒂的邊境小鎮一樣，它在一戰前屬於奧匈帝國，後來劃回義大利領土，因而使用德語的居民反而占了多數，當地如今爲義大利語和德語並行，官方的標誌板上一律標注義德雙語。小鎮裡大多建築看來都具有相當歷史，有些房屋外牆上繪有濕壁畫。一座美輪美奐的教堂，壁畫和彩繪玻璃這些元素都不缺，教堂前面豎立了一根德式的五月柱（Maibaum）。

↑鎮上的教堂

或許因爲當天溫度較低，戶外見不到多少當地人，更顯得清冷。不可不知卡斯泰爾羅托還是一個非常有人氣的滑雪小鎮，各項設施和服務都相當完善，是滑雪健兒的競技場。

小鎮在海拔一千六百到兩千三百米之間，地貌相當豐富，有大面積的草原、牧場和茂密的森林，得天獨厚的自然環境使卡斯泰爾羅托的畜牧業發達，放牧的牛群隨處可見，數目可能比村民還要多。

這兒飼養的馬，驃壯有餘，腿卻很短，模樣逗趣可愛。我湊過去拍照時，還有一匹馬好奇地走近，在鏡頭前不停地展示自己，非常有意思。山上原本很多販售滑雪運動服的商店，都因疫情而處在關閉狀態，看來這一季的滑雪生意又大受影響了。

一直陰沉的天空最終還是落下了雨，我恰好來到一座山中小湖畔，一汪碧潭躍山間，秋風迎面，雨點敲擊的清脆聲響連成一片。「莫聽穿林打葉聲，何妨吟嘯且徐行，竹杖芒鞋輕勝馬，誰怕？一蓑煙雨任平生。料峭春風吹酒醒，微冷、山頭斜照卻相迎；回首向來蕭瑟處，歸去、也無風雨也無晴。」一時觸景生情，感慨詩人蘇軾那種無懼風雨、不畏將來的情操。

1 短腿馬

2 教堂前的五月柱

小鎮卡斯泰爾羅托的訪遊也昭示我與多洛米蒂山告別。這裡的山景猶如一幅幅綿延不盡的天然畫卷，又有不少遺世般的小村子撒落其間，無論是喜歡人文或自然美景的朋友，想必都會爲之著迷，有機會務必要將此排入行程中走一遭。

至於我，有了這次開始，肯定還有後續！多洛米蒂山，咱們後會有期！

1 街景

2 房屋外牆繪有濕壁畫

P
ZENTRUM
SPORTHAUS

Albergo
Hotel
Al Lupo
Zum Wolf

最不義大利的義大利小城：的里雅斯特

弗留利—威尼斯朱利亞大區（Friuli-Venezia Giulia）被稱爲「義大利的東大門」，皆因大區座落在義大利東北部，與奧地利和斯洛維尼亞接壤，瀕臨亞得里亞海。大區面積約七千八百多平方公里，人口一百二十餘萬，擁有一百一十一點七公里的海岸線，區內產業多元，包括造船業、銅鐵業、畜牧業，同時也盛產葡萄美酒，算是經濟較爲發達的地區之一。它還有不少旅遊資源，如羅馬古蹟，獨特的多洛米蒂自然景觀也有一部分位於這個大區。

我此行訪遊這個自治大區的兩個主要城市——的里雅斯特（Trieste）和烏迪內（Udine）。的里雅斯特爲大區首府，位於亞得里亞海東北部的里雅斯特灣的深處，是個靠近斯洛維尼亞邊境的港口城市。我最初認識這個地方，是由於譯名中的「的」字常常被忽略或是跟前面的詞連在一起誤讀，就像這個小城一樣，的里雅斯特人也足夠幽默，自稱「我們跟他們義大利人沒什麼

↑的里雅斯特大運河

關係」，十分有趣。事實上，光是使用的語言，就有所區別。當地居民常用的是的里雅斯特語（Triestine），一種威尼斯方言的變種，居住在郊區的居民甚至沿用斯洛維尼亞語，而由於地緣關係與歷史因素，亦有不少人使用德語。多種語言並行，並不讓義大利語專美。

小城也曾擁有輝煌的過往，公元前一七七年的羅馬時代，該處已是個海港城市，拜占庭帝國時期成爲軍事重鎮，幾度易手後，在奧地利哈布斯堡王朝的統治下，包括神聖羅馬帝國以及後來的奧匈帝國時期，是的里雅斯特最爲繁榮璀璨的階段，並曾經是奧匈帝國的海軍基地。一八六七年至一九一八年期間，的里雅斯特作爲奧匈帝國的主要港口，商業繁榮的同時，也沒有埋沒這裡的文化藝術氣息。

奧匈帝國解體後，的里雅斯特併入義大利。由於它特殊的地理位置和歷史背景，儘管領土上屬於義大利，但日常生活深受奧地利影響，有著明顯的中歐特色，跟一般的義大利城市區別很大，甚至可以認爲是流淌著奧匈帝國血脈的義大利國土。市區內的建築保留新藝術以及新古典主義風格，在義大利眾多城市中獨樹一幟，特別是一條海濱大道，排列著齊整的大型建築，給我的感覺很像是上海外灘，陳列不同時代多元的建築，稱它爲「露天的建築博物館」一點也不爲過。

城中心是一個寬闊的廣場，叫「義大利統一廣場」（Piazza Unità d'Italia），是眾多遊人聚集地，非常熱鬧。廣場面朝的里雅斯特灣，其餘三面被以白色爲主要基調的巨型氣派建築所環抱。正中央的市政廳建於一八七五年，融合了包含威尼斯、托斯卡納、法國和德國的建築風格，設計沉穩而對稱。

1 被白色爲主基調的巨型建築圍繞的義大利統一廣場

2 的里雅斯特街景

↑義大利統一廣場上的四大洲噴泉

↑市政廳

儘管她並非典型的義大利城市，卻也同樣少不了教堂的存在。我步行登上聖朱斯托山，山上的聖朱斯托教堂（Cattedrale di San Giusto，或譯爲聖儒斯定主教座堂）建於一四〇〇年，樸素的外觀使得巨大的玫瑰花窗更爲醒目，內部除了有十二到十三世紀的濕壁畫和描繪聖人尤斯圖斯（Justus）的馬賽克鑲嵌畫，還有一座安葬九位西班牙王室成員的Escorial Carlista小教堂。的里雅斯特城內還有幾座教堂，它們建造的時間跨度很大，風格各異，我建議有興趣的朋友不妨逐一參觀，認識該城市的演變。

　　的里雅斯特的歷史可以追溯到羅馬時代，聖朱斯托教堂旁，就有一片古羅馬遺蹟。我比較感興趣的是在聖朱斯托山腳下的羅馬劇院，它位於統一廣場附近，建成時間在公元一到二世紀之間，結構爲半圓形，劇院大部分爲石砌，根據資料，最高部分的臺階和舞台則由木頭製成。劇院約可容納三千五百名觀眾，如今這裡在夏天的時候偶爾會舉辦音樂會，算是延續了劇院的初衷。

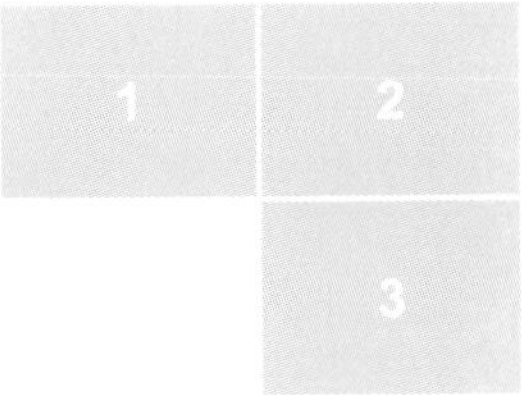

1 羅馬遺蹟

2 聖朱斯托教堂

3 教堂內部

↑港邊女孩雕像

↑海濱大道

海港小城美麗又寧靜，不過每年十月的第二個周日，這裡會舉行一場盛大的Barcolana帆船賽，屆時千帆出行，乘風破浪。可惜我來晚了一步，恰好與它擦肩而過，未能欣賞這場號稱「全世界最擁擠的帆船賽」。

講到的里雅斯特的代表建築，當然是城外八公里的米拉馬雷城堡（Miramare Castle），它建於一八五六年至一八六〇年，是奧匈帝國哈布斯堡王室，曾任墨西哥皇帝的馬西米連諾一世（Maximiliano I）和其妻子所建造。這是一座依山傍海的城堡，周圍還有占地二十二公頃的園林，園內草木茂盛，清幽閒適。海濱林蔭大道盡頭，一座白色的城堡屹立在海邊。城堡內房間衆多，幾乎每一間都是朝海而建，實實在在的海景房間，且都保持著原來華麗的裝飾和陳設。我按樓層次序參觀一番後，繼續在城堡外的偌大花園四處閒逛。這天天氣酷熱，遊人依然衆多，大家享受著海風習習，一解暑氣。待到日落時分，在夕陽的照耀下，海浪起伏，水面波光粼粼，美麗景致呈現在我的眼前，令人戀戀不捨。

在《追憶似水年華（Remembrance of Things Past）》這部巨著中，二十世紀最偉大小說家之一，法國的馬塞爾·普魯斯特（Marcel Proust）對小城有過這樣的讚美：「的里雅斯特是個美麗的地方，這裡的子民多哲思，這裡的落日閃耀著金色的餘暉，這裡教堂的鐘聲也莊嚴肅穆。」

喀斯特地形（也稱爲岩溶地貌或石灰岩地形）這個名稱的起源地，就位於斯洛維尼亞西南部延伸到義大利東北部的里雅斯特一帶，我過去曾參觀過斯洛維尼亞的波斯托納溶洞（Postojnska jama），這回按原定行程，本來打算瀏覽的里雅斯特這兒的洞穴，其中的巨大岩洞（Grotta Gigante）過去曾經爲世界上最大的旅遊岩洞，據說面積大到可以放得下整座梵蒂岡的聖彼得大教堂。可惜受到疫情的阻礙，目前仍未開放，只好留待將來再遊。

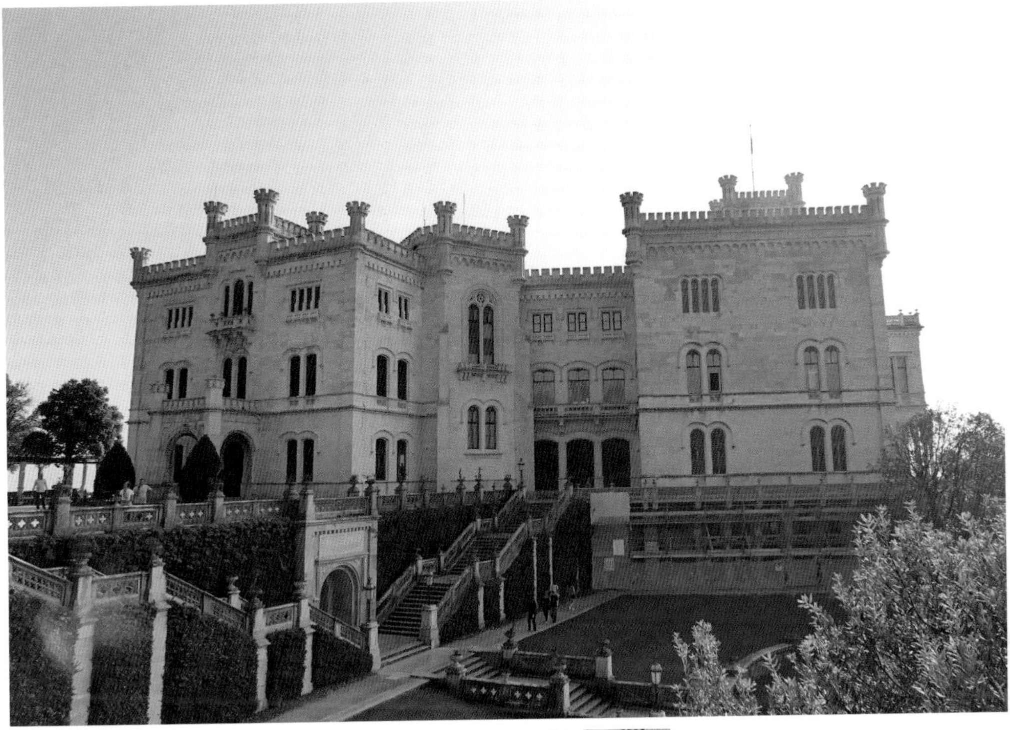

1 米拉馬雷城堡

2 城堡花園

邊境小城：烏迪內

同的里雅斯特一樣，烏迪內（Udine）也算是個邊境小城，位於義大利東北部，是弗留利－威尼斯朱利亞大區的商業重鎮，距離斯洛維尼亞不到二十公里，至奧地利也不過五十多公里，是個多民族文化的交融之地。

自由廣場（Piazza Libertà）是烏迪內最老的廣場，典型的威尼斯風格，中世紀時，曾是當地的葡萄酒交易場所，因此也曾被稱爲葡萄酒廣場。廣場上很是熱鬧，我這裡指的不是行人遊客，而是廣場上彙集了很多的建物。市政廳（Palazzo del Comune）就建在此處，設計者是一位名叫利奧內洛（Nicolò Lionello）的金匠，因此也稱作利奧內洛長廊（Loggia di Lionello）。資料顯示市政廳始建於十四世紀，一八七六年被大火燒毀，隨後按圖紙原樣修復。市政廳對面是聖若望教堂，教堂建有仿照威尼斯聖馬可廣場的鐘樓，鐘樓頂部有兩個銅製的敲鐘摩爾人，在整點時敲響大鐘。教堂前面的聖喬凡尼

↑市政廳與和平紀念碑

長廊（Loggia di San Giovanni）依然是威尼斯的建築風格。此外廣場上還矗立著正義柱、羅馬神話中大力士赫拉克勒斯（Heracles）及卡庫斯（Cacus）的雕塑，以及和平紀念碑（Monumento della Pace）等。即便沒什麼遊客，單憑這小小的廣場上這麼多的建物，怎可說不熱鬧？

聖喬凡尼長廊的西側是著名的波拉尼拱門（Arco Bollani），頂部裝飾有聖馬可之獅，這道門於一五五六年由文藝復興時期的建築大師帕拉第奧設計完成。我穿過拱門，拾級而上，來到了烏迪內城堡（Castello di Udine），建在市中心一座小山丘上，

是這裡的地標性建築。人造的山丘本身歷史相當悠久，可以追溯到三千多年前的青銅時代。約十世紀時山丘上建有軍事建築，但毀於一五一一年的一場大地震，目前城堡內的宮殿是在地震之後重建於原本的堡壘遺蹟上，有著文藝復興時期的建築風格，如今成爲歷史博物館，頗有氛圍。站在城堡前面的草坪上遠望，甚至可以看到阿爾卑斯山脈上的積雪，整個小城也盡收眼底。我在山上伴著柔和的落日餘暉留下一張到此一遊的照片。唐代李商隱寫道「夕陽無限好，

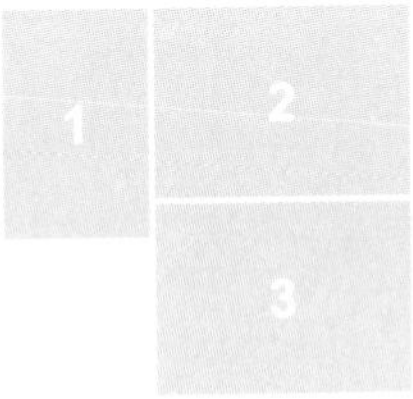

1 聖馬可之獅柱
2 利奧內洛長廊
3 聖若望教堂

↑城堡入口的斜坡與長廊，可望見聖若望教堂的鐘樓及上方的敲鐘摩爾人

只是近黃昏」，很多中國人因爲這兩句生出人生遲暮的感傷，我卻認爲它是對自己的激勵，歲月不待人，人生的任何階段都應勤勉致知，不負此行。

烏迪內不大，整個城市沒什麼高樓大廈。我一路行來發現一個規律，義大利的大小城鎮一般都會有個以其地名命名的教堂，烏迪內也不能免俗。烏迪內大教堂位於市區內，是一座建於十三世紀的羅馬哥特式教堂，教堂很高，正立面採用左右對稱的設計。內殿裝飾簡單不乏莊嚴，但並沒有給我留下很深的印象。

↑城堡內的宮殿

烏迪內還誕生了一個義甲球隊中歷史第二悠久的俱樂部——成立於一八九六年的烏迪內斯隊（Udinese Calcio），主場館為弗留利球場，我並非資深球迷，所以並沒有前去打卡，只是給有興趣的朋友們提供一點資訊。烏迪內還有一個讓我意外之處，歐洲推廣亞洲電影的最大節日——遠東電影節（Far East Film Festival）每年的四、五月都在烏迪內舉行。儘管名聲不及威尼斯電影節，但勝在電影種類繁多，獎項基本是被中、日、韓三國包攬。說到這裡，

不免要稱讚近年日韓影視業的突飛猛進，無論商業片還是文藝作品，奔著跟好萊塢以及歐洲藝術片一較長短的勢頭，發展得越來越好，憑藉著這些登上世界舞臺的影片所帶來的文化輸出不可小覷。

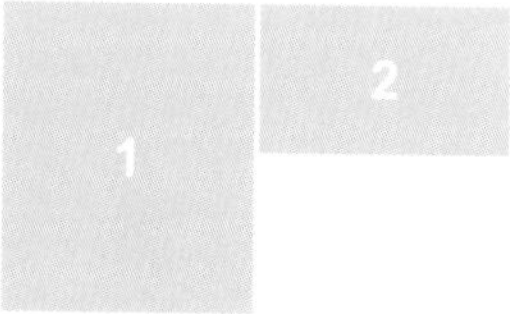

1 天主教堂

2 烏迪內主教座堂

宗教名城：特倫托

特倫蒂諾—上阿迪傑是義大利最北部的大區，而我的目的地——特倫托省首府特倫托（Trento）就位在此區。阿迪傑河谷中，隱藏於多洛米蒂山和阿爾卑斯山綿延不絕的高山峻嶺間，充足的光照使特倫托成爲義大利高品質葡萄酒的另一個盛產區，喜歡品酒的劉伶當然很熟悉其中的Vino Santo Trentino DOC甜酒和Teroldego Rotaliano紅酒。這裡也是知名的「蘋果王國」。小城北部與奧地利接壤，它曾經屬於奧地利的蒂羅爾州（Tirol），所以融合了兩國的文化特色。

德國大詩人歌德說過一句話：「不懂得外語者，對其母語也一無所知。」（Wer fremde Sprachen nicht kennt, weiß nichts von seiner eigenen.）同理，如果不認識其他的文明，那麼也不算眞正了解自己的文明。經過我多年來遊歷各國的經驗，越來越領悟這個道理，在一個多文明的交融之地，體會更

个老城堡是布翁孔西格利奧城堡內最古老和最重要的建築

加深切。

我從米蘭出發，沿著一條仿如臺灣蘇花公路那般險要美麗的環山公路，縱橫馳騁在迷人小鎮和城市間，經過三個多小時的車程，才順利進入特倫托。

特倫托是個安靜的小城市，保留了不同歷史時期的「禮物」，包括羅馬城牆和砲塔。許多建築物上繪有標誌性的中世紀壁畫，還有各種色彩覆蓋的外牆，或許把小城形容爲一座優雅又豔麗的「小天堂」更爲貼切。

我們入城以後，首先參觀城堡。在小城內衆多的石頭城堡中，

1 馬格諾宮內庭院

2 鷹塔

3 馬格諾宮牆上的親王、主教肖像

4 從城堡上層欣賞特倫托城貌

布翁孔西格利奧城堡（Castello del Buonconsiglio）無疑是其中的佼佼者，是必遊之地。它位於城市的東邊，始建於十三世紀，時任的主教大興土木，建造這一座防禦性宮殿，並曾在不同時期進行過多次擴建，十三世紀至十八世紀末之間曾經是特倫托主教的官邸。城堡至今保留厚重圍牆，還有宏偉的圓柱塔樓，整體規模龐大，內部華麗漂亮，在過去具有反對馬丁・路德（Martin Luther）的宗教改革，彰顯並榮耀主教權力的象徵意義。

城堡南邊有一座文藝復興風格的馬格諾宮（Magno Palazzo，或譯爲大宮），過去是主教的官邸，裡面布局讓人眼睛爲之一亮，奢華無比的裝飾盡顯當時主教的權力和財富，現在已成爲當地的博物館，收藏許多珍貴的藝術藏品。建築群的南端，有一座鷹塔（Torre Aquila），塔內一組壁畫《月的周期》（Ciclo dei Mesi）被譽爲「世界上最有代表性的哥特式壁畫」，畫中不僅可以看出四季變化，還描繪中世紀時期一年十二個月裡貴族活動與農民生活的情景，如插秧、收割、打獵、打雪仗等等，人物服裝的細節也非常仔細，極具考古價值。

來到城堡的上層，視野更廣闊，舉目四望，城內城外一目瞭然。城堡中心庭院的綠植和噴泉等，都有專人精心布置和打理，看起來就像精緻的園藝藝術品。如此優雅而靜謐的環境，讓我忍不住在這兒閒庭信步地來回遊逛了好幾遍，正是浮生半日閒，將外匯、期貨等一堆雜事拋諸腦後。

離開城堡之後，特倫托這座依山而建的小城，同樣值得一遊。它跟衆多義大利小鎮一樣都有個共通點，市中心位置有個大教堂廣場（Piazza del Duomo）。廣場上有座巴洛克風格的海神噴泉（Fountain of Neptune），手握三叉戟的海神屹立在中央，四個角落衆神的雕塑造型亦栩栩如生，下面的臺階正好爲遊人提供歇腳的地方。這座噴泉是由雕刻家法蘭切斯科·安東尼奧·吉翁戈（Francesco Antonio Giongo）於一七六七至一七六九年間建造。至於青銅的海神像竟然是複製品，大衛·里加蒂（Davide Rigatti）所雕刻的正品現在收藏於附近的圖恩宮（Palazzo Thun）內。關於爲什麼廣場上會設計一個海神噴泉，有人認爲是因特倫托在羅馬時代的名稱 Tridentum 與海神手中的三叉戟 tridente 文字很相近，也有人認爲這與主教公國衰落以及啟蒙運動興起有關，莫衷一是。廣場四周有各式各樣的建築群，其中有不少還是有名的古蹟，門前豎起介紹說明的標誌，記錄著它們過去的輝煌。

↑聖維吉利奧大教堂及海神噴泉

既然有大教堂廣場，顧名思義，自然有一座大教堂。聖維吉利奧大教堂（Cattedrale di San Vigilio）就是特倫托最大的教堂，它建造的位置在六世紀時原本有一個更古老的教堂，如今的建築始建於十三世紀，屬於羅馬天主教堂。教堂裡面陳列很多中世紀留下來的壁畫，還有王室的藏品等等。不過有些珍貴藏品並非一直向公眾開放，這趟我進入內部，也遇上整修而無緣見到。日後若有機會重返，務必要查看相關的遊覽資訊，以免又與這些珍品擦身而過。

特倫托有「宗教名城」之稱，這就得回顧一段宗教歷史：文藝復興時期一五四五年至一五六三年間，天主教會先後在小城召開過二十五次會議，就是宗教史上有名的「特倫托大公會議」（The Council of Trent），被視爲是天主教會最重要的大公會議，目的是爲了抗衡馬丁．路德倡議的宗教改革。我未信仰宗教，請教過旅伴 Brenda，才略知其中因由，她說這是一次反宗教改革的重要會議和決定，而這幾場會議使特倫托一下子躍升爲宗教之城。

爲了紀念中世紀著名的義大利詩人但丁，城市中心區的公園內還特別豎立一座紀念碑。他的著作《神曲》被奉爲偉大的作品，而對文學有研究的朋友，或許知道他的著作是以托斯卡納方言書寫，這對現代義大利語的發展起了相當大的作用，所以他又被後世人稱爲現代義大利語的奠基者。公園草坪綠茵如翠，是假日市民休閒的場所。

此外特倫托有一座相當精彩的科學博物館（MUSE-Museo delle Scienze di Trento），由義大利當代著名建築師倫佐．皮亞諾（Renzo Piano）設計，博物館的建築本身就很有欣賞價值，展館設計的無比「高技派」，結合自然風光與建築藝術，透明玻璃幕牆使整個建築內部寬敞明亮，不同於傳統博物

↑外觀特殊的科學博物館

館幽暗封閉的展廳。每層樓都展出不同主題內容，例如生命的歷史、人類的演變、發展與未來的可能、多洛米蒂山的形成，以及阿爾卑斯山的生物等等，著重於人與自然的關係、環保和可持續發展，加上影音互動的設備給人帶來身臨其境的感覺，內容非常豐富。最可惜的是我未能在閉館前登上最高的露天平台，在平台上可以三百六十度眺望全城，欣賞小城景色。

對於虔誠的教徒來講，特倫托擁有特殊的歷史地位，但即使以非教徒的角度來看這座城市，它的千年底蘊、低調風格，「藏而內斂鋒芒」，曖曖內含光，同樣令我留下深刻印象，也更增添一份敬重。

國家圖書館出版品預行編目資料

老玩童遊義大利三部曲I：米蘭、威尼斯／鄧予立著. --初版.--臺中市：白象文化事業有限公司，2023.09

面； 公分.——（鄧予立博文集；17）

ISBN 978-626-364-084-9（精裝）

1.CST: 旅遊 2.CST: 義大利

745.09 112011081

鄧予立博文集（17）

老玩童遊義大利三部曲I：米蘭、威尼斯

作　　者　鄧予立
校　　對　鄧予立
資料蒐集　趙璐、李南萍、林倩盈
義大利行程統籌安排　臺灣亨強國際旅行社
發 行 人　張輝潭
出版發行　白象文化事業有限公司
412台中市大里區科技路1號8樓之2（台中軟體園區）
出版專線：（04）2496-5995　傳真：（04）2496-9901
401台中市東區和平街228巷44號（經銷部）
購書專線：（04）2220-8589　傳真：（04）2220-8505
專案主編　陳逸儒
特約設計　白淑麗
出版編印　林榮威、陳逸儒、黃麗穎、水邊、陳媁婷、李婕
設計創意　張禮南、何佳諠
經紀企劃　張輝潭、徐錦淳
經銷推廣　李莉吟、莊博亞、劉育姍、林政泓
行銷宣傳　黃姿虹、沈若瑜
營運管理　林金郎、曾千熏
印　　刷　基盛印刷工場
初版一刷　2023年09月
定　　價　399元